遊心

佛的零度空間

釋繼程 著

〔自序〕遊心

遊心禪海 無此無彼 當下即是菩提
佛的法界 重重無盡 含攝一切法界
零度空性 不生不滅 事事即生即滅
空間時間 無常無我 涅槃常樂我淨

序 遊心—佛的零度空間

壬寅臘月廿八太平繼程并題

目錄

下篇 禪法觀心

禪的生活

上篇

轉凡心為佛心

人生零煩惱

修行就是要修心，你的心愈淨化，所在的空間就愈遼闊廣大。心所顯現出來的空間，就是你修行的層次。事實上，我們的心本身是一種能量場，也是一種空間，稱為「心靈空間」。

我們的世界屬於四維空間，也稱四度空間，是由長、寬、高三個空間維度，加上一個時間維度而成。為什麼我們只能住在四維空間裡，無法像佛菩薩自在地來去十方呢？因為佛的世界是零度的空間，零度空間是無限空間，而我們無論身在四度或五度、六度空間，都是有限的物理空間。

佛證悟到空，進入零度空間以後，就可以從這個零度空間，擴展到任何一度的空間，無論遇到任何一度的眾生，都可以為他說法。因為零度的空間，是回到最根本的修行核心——諸法皆空，而入畢竟空，將能產生妙有，也就是「真空妙有」。因此，佛對所有的眾生和宇宙萬物，都能夠完全地理解，而被尊稱為「世間解」，他的智慧是無所不知的，能普度十方世界一切眾生。

我們修行的轉凡成聖、由人成佛歷程，可以說就是由人的心靈空間進入佛的零度空間。由於心性本空，當心靈空間和性空相契合，符合緣起性空的法則，我們就可以進入零度空間，換句話說，我們的心也可以像佛菩薩一樣，相應於任何一個次元的空間。

智慧層次和心靈空間

就現實世界來說，所謂的客觀存在的世界，是指物理的現象，是大家共住的空間。佛教唯識學認為我們看到的世界，是由大家的共業所形成，有共同的心靈層次，因而顯現出這樣的世界。除了共業的共住空間，每個人都有各自的別業，而有自己的空間，只是當內在心靈空間與外在物理空間交融時，會被共業的空間所影響。我們由於自主的能力不足，而難以安住於自己的空間。

我們每天所顯現出來的行為，就是在展現自己心靈空間的層次，包含淨化的程度、智慧的程度。如果心靈空間的淨化程度和智慧程度都很高，你在大家共聚空間的表現行為，一定自有你的高妙境界。我們對事的判斷力，就是內心的智慧力，我們的智慧在哪種程度，判斷就會落在那種境界裡。

例如有些同學在禪堂坐得不錯，好像穩如泰山，但一回到現實生活就直接被打回原形。禪修當中所體驗的心靈空間，一回到現實就不見了，被外在空間覆蓋了、汙染了。有些人的禪修體驗很深入，能夠安住於禪悅法喜，即使身處於共業顯現的物理空間裡，也不受干擾，甚至還能發揮心的能量，淨化所在的空間。

修行的目的是修繕心靈的空間，提昇心靈的層次。我們的心靈空間愈放大，就愈接近零度空間，能超越所有外相，證悟空性。時時保持正念，面對問題時，就能以正確的佛法觀念回應。解決問題的最好方式是大事化小，小事化無。能夠如此，你就知道自己的工夫用上去了。

在現實生活裡，我們對事所做的回應，既顯現了我們的心靈空間，也顯現了智慧層次。智慧層次愈高，愈能與空性相應，心靈空間就愈廣，你待人處事的時候，業力受報的作用將愈輕，對別人的傷害也會愈輕。

我們在傷害別人的同時，必然也傷害到自己，相同程度的傷害會回到自己身上。因果是對等的，不要以為有些人很霸道，殺人放火似乎都沒事，其實最先受傷的是他自己。他們的心麻木不仁了，自己卻不知道。他們愈是這樣，心靈層次便愈拉愈低，招感惡業的果報也愈大。那些人在這種狀態中不斷翻滾，始終跳不出輪迴的圈子，所以才會進入地獄道、餓鬼道的空間。你不用親眼看到地獄世界，當你起心動念的時候，如果動的是感應地獄的心，內心就會感受到地獄的煎熬。

一切唯心造

佛法說「一切唯心造」，我們以唯心淨土來看佛國淨土。假設用物理空間來看《阿彌陀經》，阿彌陀佛的極樂世界和我們的娑婆世界，相距十萬億佛土之遙，不知道要經過多少次元的空間才能抵達。可是有一些境界高深的大修行人，他們念佛、讀經常可以念到佛現前，他們的修行空間宛如置身在佛國淨土裡，這種情況可說是一種唯心的空間，也就是回到自己的心靈。

為什麼這些修行人的心靈能夠感受到佛國淨土？因為他的心能夠歸零，當心歸零了以後，就能夠自在地前往任何一個次元的空間，去和佛菩薩淨土的空間相應。所謂的西方淨土，並非位於我們的物理空間，而是在我們的心靈空間。

假如我們有一天念佛能念到一心不亂，就能更接近佛菩薩的世界，以禪定來說，一心不亂就是只有一度的空間。入定的時候是念念統一，是一度的空間，但是這個一度的空間，還是受到限制的，它就是一種禪定的境界。禪定的境界，其實仍未達到零度空間，就只是安住在那一度空間而已。

空性的智慧

佛法的修行，一般都認為是一種增加的修法，比如從現有的四維空間，擴展至第五、第六、第七個維度，或是鼓勵人修行菩薩道，藉由慈悲勤布施，增長福報。福報愈多的時候，度化眾生愈方便，並能以此福報資糧來同時增長智慧，福慧雙修，提高空間的維度。

你或許會從物理的角度認為，空間愈大，所見所聞就愈豐富，就能更增加理解的智慧。但是，無論你福報累積得再多，空間擴展得再大，終有極限止盡。心生執著時，煩惱也隨之而來。我們必須如佛法所說的「三輪體空」無相布施，意即布施時對於惠施者、受施人、所施物等三輪，都不牽掛於心，才能不自尋煩惱。事實上，如果你執著於累積福報，至多只能修得人天福報，而無法以空性智慧解脫生死。

為什麼六祖惠能大師要在《六祖壇經》裡，不斷地談論般若智慧呢？有般若智慧才能沒有煩惱。很多人以為種福報的慈悲心，可以放大心靈空間，所以努力廣種福田。但是惠能大師勸告人，不能只停留於此，福德和功德是不一樣的：「功德在法身中，不在修福。」悟空才能證得法身，福報再大，終究有限，必須進一步通過智慧歸零，菩薩道的慈悲心力量才能真正地發揮出來。有智慧的慈悲是歸零的慈悲，這樣的慈悲就是無限了。心能夠歸零，進入零度空間，就不會執著世間福報而起煩惱，不得自在。

《六祖壇經》認為「智慧為體，慈悲為用」，這個智慧就是心靈的零度空間，要先以空性智慧為體，再來運用慈悲。這種慈悲就是佛菩薩的慈悲了，因為它已經在零度空間裡，那就無限量了！而從零度空間再加以擴展的話，就有無限的無量；反之，如果我們的心沒有進入零度空間，不能依空而立，即使發展出很多次元，終究是有限制的。如果是依空而立的話，零度空間就能無限地展現出來。

無論是多少次元的空間，都是有限的，真正無限的空間，只有「空」。佛法分析一切法到最後，一定講無我、講空。大多數哲學家都是為學日增，但是學到後來會發現，無論增加多少都是有限的成長。如果你想要進入無限的話，必須要先歸零，當數字歸零了以後，這個零才能成為無限，才能用任何一個數字來代替它。不然的話，無論使用任何一個數字，它都是有限的，會被規範在數字的範圍裡，只有在歸零的時候，才能變成是無限的。

證悟空性，讓心歸零

一般對外的修行，比如布施，會注重對象愈多、範圍愈廣愈好，會致力於放大空間，可是禪修的空間很特別，反而要愈修愈小。因為所有禪修的方法，都是為了要證悟空性，達到讓心歸零的效果。《聖嚴法師教話頭禪》一書說，調心有四個層次，即是從散亂心、集中心、統一心到無心。不只話頭禪如此，止觀、默照禪、念佛禪或其他禪法，所有的方法皆是。

在修至一心的時候，能否更進一步達到無心，這個就是進入零度空間的關鍵點了。所謂的無心，其實就是零度空間。禪修的範圍是愈縮愈小，「統一心」是禪定的境界，範圍小至一心，當你修至念念統一，就是進入一度空間，很接近零度空間，就有機會能進入。

然而，如果是一般世間的禪法運作，很多修行者到了禪定一心的時候，就止步於此了。進入一度空間的禪定者，會覺得有一個我存在這個空間裡，只要自己處在安定的禪定狀態，就不必接觸外在世界的紛紛擾擾，甚至自以為這就是解脫，而停滯不前。

因此，不能停留在統一心的「一心」，要再歸入無心。而要歸入無心，修行時要先建立起無我的空觀，才能在進入一度空間的時候，知道要把一度也歸零，不停留於此。聖嚴師父常常提醒我們，在默照同時的這個統一心，它還不是開悟的境界，必須要連這個「一」也空掉，才能無心。「無」掉這個「一心」，才是開悟的體驗。

修行的時候，要先把我們空間的次元慢慢地縮小貼近零，直至小到可以歸零。到達對零的空性覺悟以後，你會發現零的空間維度就無限了。在我們的禪修方法裡，實際上就是不斷地如此運作，想在日常生活中讓心歸零，就一定要禪修！這也是聖嚴師父為何要法鼓宗以禪法為整體修行重心的原因，師父將他的修行方法歸納成中華禪法鼓宗，由此得知禪法還是修行的根本。

聖嚴師父教導禪法的時候，是從次第的修行教起，比如先運用天台的止觀法門，然後引導至話頭禪和默照禪，師父同時也介紹念佛禪。我們雖然推廣漢傳佛教，但是師父也兼容並蓄地引用很多其他系統的禪法。比如法鼓山方丈果暉法師在分析師父的話頭禪和默照禪兩種禪法的時候，都回歸到原始的經典來解析，並看到禪法之間貫通處，比如念處觀等種種觀法。我們如果能用心學習師父教導的禪法，一定能夠覺悟空性。

開悟是三百六十度的轉變

禪宗的修行非常重視調心。有時我們以為證到了什麼，就覺得自己有了開悟的體驗，好像這個世界將要為我們變化了，大地產生六種震動，其實並不是這樣。有了體驗以後，外在物理的現象，還在因緣生滅的過程中，包括你自己都在因緣生滅，但你看待事的角度和處理事的態度、方式及層次，也會不一樣了。

很多人以為開悟是一百八十度的改變，其實一百八十度只是初見空性的小悟，真正的開悟是三百六十度轉變。雖然看起來好像什麼都沒有改變，就是走了一圈回到原點而已，實則不然。因為三百六十度的轉變，才能讓生命歸零。

聖嚴師父曾於《禪與悟》書中說：「禪修的過程有三個階段：1.尚未修行之前，見山是山，見水是水；2.精進修行之中，見山不是山，見水不是水；3.開悟以後，見山還是山，見水還是水。」一般以為的一百八十度改變，是「見山不是山，見水不是水」，此時所證到的空是言語道斷，即是《十牛圖》的「人牛俱忘」，人牛俱忘其實只是見到了空，但是你如果稱它是零度空間，其實也沒有問題，因為已經開悟了、明白了。

然而，我們為什麼要再多轉半個圈歸零呢？在數學上，要轉三百六十度才是歸零，如果是在修行上，一百八十度只是見到空性，滅諸戲論而已。你要向人們傳達所經歷的悟道訊息，必須再多轉一百八十度，也就是進入菩薩道的修行，即是所謂的「般若將入畢竟空，絕諸戲論；方便將出畢竟空，嚴土熟生」。最後，才能歸零為「見山還是山，見水還是水」。而在歸零的時候，空間就是無限，可以無限地展現了。

曾有人慕名而來，想成為一位開悟禪師的弟子。可是當禪師帶著他走到乞丐堆裡，和他們一起生活時，這個弟子頓失所望，他覺得活得很難過，禪師卻過得很開心。他們住在天橋下，早上起來時，常常發現身邊有乞丐死去，可是大家都不以為意，幫忙埋葬後，就一起分送死者的物品，禪師甚至連沒有吃完的飯，也會拿來吃。最後，這個弟子實在受不了，待不到三天就趕緊逃跑，禪師卻還是照常活得很自在。這位禪師的心靈空間是無限的，所以能不受環境所拘束，無論置身何處都能自由自在。

《華嚴經》說：「心、佛、眾生三無差別。」心迷為凡夫，心悟為佛，入佛知見，才能從人的心靈空間悟入佛的零度空間。修行的過程，必須不斷調整心靈空間，透過不斷用心淨化，心靈的空間才會愈來愈寬廣。當你的心靈空間變得比較寬大後，你要再慢慢地從有限的空間，逐漸開展到無限的空間。當你能夠空掉所有的煩惱執著，完全淨化自己的心靈，你的空間就是無限的，想要住在什麼空間都由你決定了。真正開悟的人，可以住在任何空間，換句話說，他可以自在地跟任何人相處，也由此隨緣度化眾生。

如來如去大自在

我第一次去美國的因緣，是應美國佛教會的邀請，在學佛生活營裡講課，當時有多位臺灣物理學家也來參與。課程結束後，他們邀請我一起去參訪另一個道場。他們在車上興高采烈地討論說：「不知道佛是在第十度還是第十二度空間？」我直接了當地說：「佛的空間是零度空間。」

零度空間是無限空間

「不管是多少次元，都是有限的，只有零才是無限的，佛菩薩所印證到的應該是零度空間。零本身是一個符號，可以被任何一個數目取代，就等於是空了。必須要歸零，回到最原點的這個零，才能夠建立更多的次元。」物理學家們聽我如此一說，全都信服了。通常物理學都是用次元或維度來談空間，他們從來沒有想到過可以用零度來理解空間，對我提出的說法感到很有意思。

事實上，物理學裡沒有零度，而是認為境界愈高，維度愈多。不只有十度、十一度，還有更多的維度空間，然而，零度才是無限的。零度空間是無限空間，佛菩薩證到空性的時候，就在零度空間，可以在各種空間隨意來去。

如果他要到人間，就進入四度空間，零度會轉成四度；如果他要前往其他菩薩的淨土空間，甚至是西方極樂世界，只要知道是在第幾度空間，一動念就到了。十方世界，佛都可以來去自如。

我們的心是唯心所現，但是佛菩薩的心所顯現的和我們不一樣。我們所想像的世界，和佛菩薩所想像的世界是不一樣的。因此，佛的空間是零度空間，能在三千大千世界來去自在；而我們困在有限的維度空間裡，卻還自以為高明。

如來如去度眾生

佛為什麼能夠度化六道的各類眾生呢？因為佛安住在零度的空間裡。我們可以在佛教經典裡，看到佛說法的時候，會因應不同的眾生，而用不同的善巧方法來度化，他的善巧能讓不同層次的眾生，都明白他所說的意思。也就是說，佛能用他的零度空間，和所有不同層次眾生的心靈空間相應，簡單來說，不管你位在哪一個層次的空間，佛都可以與你相應。

因此，對於心靈比較敏銳的弟子，能領悟空性智慧而接近佛的零度空間，佛就會直接告訴他：「諸法因緣生，諸法因緣滅。」這些聰慧的弟子們聞法後，心當下就能和零度空間相應，也就開悟了。

我們生活在四維空間裡，必須理解因果，明白什麼是善因善果、惡因惡果。善因善果在流動的時候，會產生時間相，而當果報顯現的時候，就產生空間相。在四維的物理空間中，有不同層次的生命狀態，有的智慧比較高，比如人類；有的智慧比較低，比如動物、植物。人類雖然智慧高，造作善惡業的力量也大，會在六道輪迴中不斷地造業受報，因此，佛陀提醒我們要「諸惡莫作，眾善奉行」。如果我們能依教奉行，到達這個層次後，將發現自己的心靈空間，有一部分已經提昇了，並慢慢地歸向零。如果能更進一步「自淨其意」，便能更接近佛的零度空間。

在佛的世界裡，佛有法身佛、報身佛、化身佛。法身佛是佛的法性身，報身佛是福慧圓滿的功德身，化身佛是佛的千百億化身。報身佛又可分為自受用身和他受用身，自受用身是佛安住在自己的常寂光土裡，他受用身是顯現給初地菩薩以上可見的佛身。佛的自受用身，即是法身，常寂光土是恆常且光明無量的空間。

在報身佛的淨土裡，佛和淨土的菩薩們處於相同的空間，因而可以為菩薩們說法。佛以化身來去十方為眾生說法時，是隨類說法，而眾生聞法時，也隨類得解脫。由此可知，雖然我們無法改變共業所成的物質空間環境，但是我們內心的共業是可以透過修行來改變。

煩惱歸零，自性本空

雖然我並不熟悉數學和物理學的科學研究，但是用數學符號的零來比喻佛法的空，是可以相應的。空是自性清淨，也可以說是煩惱歸零，沒有煩惱。

空本來就是一個概念，梵文的 śūnya 漢譯為空，śūnyatā 漢譯為空性。一般人看到「空」這個字的時候，通常第一個反應會和「無」或「虛空」連結。而在現實的生活景象裡，談到空就會想到「空間」。至於在哲學或佛教思想，空則另有多種不同的層次說法。

原始佛教認為世間萬法是無常、無我的。所謂的「無常」，就是說世間萬法沒有永恆性，隨時都在因緣生、因緣滅的過程中不斷變化，既然是不斷在變化流動，就不會有單獨存在的實體，也不會有主宰的力量。世間萬法既然是因緣生，便會受到其他因緣的牽制，所以稱為「無我」。這是佛法對於空比較傳統的解釋，到了大乘佛教，則將無常、無我這兩個觀念統一起來，直接只用一個「空」字來代表大乘佛教的核心思想。

初期佛教在講「空」這個字的時候，梵文的意思比較偏向「沒有」，然而中文的意思，並非說「無」，而是說沒有實體的「有」，世間萬法都是處於不斷流動的變化過程，所以用空字來涵蓋意義。

由於空的思想在漢傳佛教流傳已久，所以我們看到空字便能明白它的意思。無論是在般若系統的經典，如《金剛經》、《心經》，或龍樹菩薩的中觀系統思想，我們都知道「空」字是指「本性是空」。然而，所謂「般若將入畢竟空，絕諸戲論」，也就是要「言語道斷，心行處滅」。空字畢竟只是指月的手指，並不等於月亮。

文字只是一個媒介，只是讓我們大概知道空是怎麼一回事，但究竟什麼是空，必須要靠我們自己去親自印證，才能夠完全明白和證悟。換句話說，我們用文字來傳達一個其實無法傳達的訊息，如果沒有親自印證，就會只是一種單純的理論了。

緣起性空的法則

印順導師將緣起分成三個層次來解說：果從因生、事待理成、有依空立，緣起一切法，回到本性就是空。如印順導師在《佛法概論》所說：「果從因生、事待理成、有依空立，都依緣起而說的。」為什麼說果從因生？因為當你看到現象時，它已經是一個果了，而這個果之所以顯現，就是有因、有緣，隨著因緣生、因緣滅，而現出這個果的相。

這個果的相就是一個事相，它一定是依理而成，所以是事待理成。這個理是什麼理呢？就是所謂的因緣法則。我們常說「理事無礙」，也就是理由事顯、事待理成、理事圓融。行者在看到事相的時候，可以用理去印證、明白。然後，理也必須用事相來顯現，而這樣的一個過程，本來就是互通無礙，所有這些現象都可以說是「有」。那麼「有」是如何成立的呢？有依空立。

緣起性空，對佛教徒來說是很基本的一種觀念。我透過閱讀印順導師的

《妙雲集》等著作，加上跟隨聖嚴師父學禪，自己有了一些小小的體驗，而能確信佛法講的就是一個事實、一個實相。這一種對佛法的理解方式，比較不是知識上的理解，而是自己的身心能和佛法實相相應、相容，從而沒有疑惑地確信，也就是明白一切現象都不離緣起的法則。不只是外在的現象如此，觀心無常、觀法無我，我們內心的運行過程，也是無常、無我，是性空的。

當我們明白了緣起性空的法則，通過修行以心去印證這個法則，產生了體驗，就能明白這個法則是怎麼一回事。透過這樣印證了以後，我們就會產生完全相信這個法則的堅定信念、信心，確信我們的心就是依此法則運行。

這樣的一種體驗過程，會讓你發現對外在現象的理解，其實是用自己的心做理解。或許你會發覺，在和別人分享佛法道理的時候，內心會很自然流露出一種體會、理解，法爾如是，而能依此讓人明白佛法的道理。不一定需要使用佛教的名詞、名相，但是清楚知道自己傳達的是佛法的核心思想。

例如我現在和昨天都在同一間教室講課，所以上課的空間是相同的，但是因為時間不一樣，所以遇到的學員會不一樣。空間加上時間，在物理學就是四次元的維度，是我們人類共存的時空。

物理空間和心靈空間之別

時空是一種物理現象，我們透過眼、耳、鼻、舌、身五根去感覺所在的時空世界，這些感覺都離不開意根，透過意識來做分別和回應。但是除了外在環境的物理現象、生理現象的空間，我們的內心是不是還有另外一個不同的空間呢？

例如你和同事討論工作的時候，兩人心裡所想的事不一定相同，如果相同，可以說是一種工作默契。這一種相應的工作默契，是不是可以說兩人的「心靈空間」有一種相應互契呢？也就是彼此心意相通，溝通無礙。

或是假設我們都讀過某一本書，所以在探討書中的某些觀念時，可以很快理解和產生共識，彼此的心靈空間可以互通。如果是和沒讀過這本書的人做討論，傳達信息便可能會有困難，因為彼此的心靈空間不在同一個層次上，對方可能會聽得一頭霧水，而無法溝通。除非你能用對方容易明白的道理來分享，讓彼此的心靈空間可以交流融合，這樣對方就能明白你想要分享的內容了。

我聽說過一個有趣的故事，臺灣有個老婆婆接到美國親戚的越洋電話，問對方說：「我這邊是早上十點，你那邊是幾點？」對方回說：「晚上十點。」老婆婆不知道兩地有十二個小時的時差，所以回說：「你騙人，現在明明是白天，怎麼會是晚上呢？」剛好老婆婆的孫女在她旁邊，便解釋說兩地距離很遙遠，對方親戚那邊雖然是晚上十點，但是電話傳送到臺灣要很久，所以變成是早上十點了。

由於老婆婆不知道地球是圓的，沒有時差的觀念，所以孫女用了善巧的溝通方法，讓她的心可以接受日夜時差的情況。我們從這故事裡可以明白，彼此的心靈空間如果不相應的話，就會形成一種誤解。換句話說，如果心靈空間不相應，即是處於不同的層次，也就是我們所謂不同次元的空間裡。

佛菩薩的空間不可思議

我們可以從很多的大乘佛教經典，看到十方諸佛的淨土世界雖然浩瀚無邊，卻可以在一念之間抵達彼此的淨土。《維摩詰經》的空間觀很有意思，維摩詰居士的狹小丈室，其實是一個無限大的空間，它的核心是零度空間，而非多維度、多次元的空間，因為只要有維度、次元，就有限制。

維摩詰居士要傳達給我們的信息是諸法皆空，所以當他談到不二法門的時候，沒有任何的語言文字可以用於表達。雖然在〈入不二法門品〉，很多菩薩都在談不二法門，文殊菩薩也談不二法門，維摩詰居士卻是默然無言。像這種沒有語言文字可傳達的狀態，我們在解讀的時候，必須要用心去相應它的空間層次。物理的空間所呈現出來的是一種物理現象，必然會受到物質的局限，但是心可以不受到物質的局限。因此，只有在心靈空間裡，才可能會出現像《維摩詰經》所說的這種場景，大家都用自己的心靈空間來相應。

你在相應這個空間的時候，不管空間屬於多少次元，都一定要先歸零。

佛法為什麼說本性是空？當我們覺悟到性空的時候，就等於是將心靈空間歸零了。歸零了以後，它就能展現無限的次元。因此，佛的世界一定是先回到零度空間，然後才可以展現出不同次元的空間。

佛陀開悟的時候，經典裡說大地變動，其實這個世界一點都沒有改變，改變的是什麼呢？是佛陀的時空。為什麼我們所看到的和佛所看到的不一樣呢？佛看到的是什麼呢？佛的心顯現的是淨土，你的心要和佛相應才能看到。在《維摩詰經．佛國品》中，舍利弗質疑是因佛陀過去修行不清淨，所以娑婆世界才會不清淨，心想：「佛的世界怎麼會是這樣子呢？」結果，佛陀當下以腳趾按地，便現出了清淨莊嚴的佛土，舍利弗才見到了佛的世界。由此可知，心清淨就會見到清淨的世界，心煩惱就會見到煩惱的世界。我們並沒有真正地了解佛，只是以我們的認知和角度來看佛。我們對佛的認識程度，其實就是我們的智慧所到的程度。

佛陀過去生的本生故事，有些經歷我們難以想像，他會捨身餵虎、割肉餵鷹，我們不只不能想像，也不敢效法，因為這些行為都是我們的身體無法承受的，然而他卻做到了，因為心中沒有第二念。需要餵老虎才能救老虎，就跳下去了；需要餵老鷹才能救鴿子，就爬到秤上了。為什麼能有勇氣如此做呢？佛菩薩的智慧我們難以窺知，可是歷代的祖師大德在講佛陀本生故事的時候，卻深信不疑，確信這是可以做得到的，因為他們的心與佛相應，所以相信佛可以做得到。

曾有一個故事提到，有個老和尚住在山上小寺廟，他只有一件破袈裟。有一天來了個小偷，老和尚被小偷吵醒後說：「我白天都找不到值錢的東西，你晚上怎麼找得到？不過你既然來了，不好意思讓你空手而去，我只有這件袈裟，就拿去吧！」小偷走後，老和尚看著月亮說：「如果我能把月亮拿下來，我會拿下來給你。」我們實在難以想像，他為什麼能對小偷這麼慈悲。

另一個故事說，有個小偷從寺廟偷走香油錢，老和尚對小偷說：「你可以拿走這筆錢，但是要跟佛菩薩講一聲，拜一拜。」後來小偷被逮到了，供出曾經在寺廟裡偷錢，老和尚便被請去做證人。老和尚說：「他沒有偷，他跟佛菩薩講了，這樣就不算偷。」小偷的刑期因此減輕。小偷出獄後，便去找老和尚請求剃度出家。

我們難以想像佛菩薩所做的事，因為他們思考的維度和我們不一樣。他們像位在高處看世間事，不管是什麼疑難雜症都說沒事、沒事；我們在這裡只要一有風吹草動就喊有事、有事。你的智慧到什麼程度，做的事就不一樣。從做事的眼光和能力，可以看出你的智慧程度。想要改善自己的眼光和能力，只有一個方法，那就是修行。在修行的過程中，跟你互動的人與事都沒有改變，但你的心胸和處理方式卻改變了。

登地以上的菩薩證破我見、證空性、證無我，就是進入了零度空間，所以空間從此無限了！佛菩薩的空間廣大無限，在任何地方都自在無礙，都能度化眾生。當心靈空間無限了之後，無論到第幾度空間都得自在，不同維度的空間都可以自由來去。

幻境和悟境

電影《美麗境界》（*A Beautiful Mind*）改編自患有思覺失調症的天才數學家約翰．福布斯．納許（John Forbes Nash）的真實經歷，思覺失調症是一種精神疾病，患者會出現妄想、幻聽、幻覺的症狀，無法活在現實生活裡，也難以融入人群。這部電影主角為精神疾病所苦的歷程，和「開悟」的歷程相似，我們也可以從禪修的角度來看。

開悟的過程

電影一開始，納許有幻聽，總是聽到有人跟他講話，他把它當成真實。由於拍戲，拍不出幻聽的那種感覺，所以加了很多戲劇性的成分，變成幻覺。戲中出現三個他幻想出來的人物：同學、間諜上司和小女孩。他後來知道自己有精神疾病，治療的過程讓他感到很沮喪，因為吃藥讓他變得癡呆而無法做事，所以他就停藥了，結果幻覺又來了。

有一次他抱孩子去洗澡，看到同學來了，就把孩子交給他照顧。這時上司也出現了，一定要他去做件事。他的太太發現孩子不見了，非常緊張，原來他以為同學在幫忙照顧，其實是把孩子放在水裡，險些喪命。太太為了搶救孩子，要開車送孩子去醫院，上司卻拿著槍要射殺她。那一幕，觀眾看得很緊張，不知道結果會如何。結果，納許告訴太太說：「我知道了。」為什麼呢？因為他從第一天見到上司和同學，已經過了幾十年，他們的容貌卻一直都沒有改變。所以他說：「我知道了，我們老了，但他們永遠沒有改變，這是幻覺。」他領悟了，悟到無常。知道有變化是正常的，在他幻覺中出現的那三個人沒有改變，這是不正常的。

我看到這一幕時，覺得導演很厲害，他拍出了真正開悟的過程。主角發現那三個人的外貌一直沒改變，才知道這是假的。因為「常」是不對的，「無常」才是對的，所以開悟了。我不知道導演是不是有意為之，但這個過程實在拍得太妙了！我看了之後，知道這是開悟的過程：破了常見，知道無常才是對的。雖然後來那三個人還是一直繼續跟在納許身邊，表示他的幻覺仍然還在，但他知道他們不是真實的，所以可以和他們共存，卻不被干擾，這個狀態其實就是「默照」。

我們在用方法的時候，把身體調整了、安定了。而當境來時，其實不是我們去攀緣而來的，都是因緣生、因緣滅，我們的身心也是因緣生、因緣滅。如果你的心敏銳到能觀照出因緣變化的過程，明白緣起性空，你的判斷與抉擇就能符合整體因緣的運作，這就是智慧。

這一種智慧，可能就是頓悟的過程，事情一發生，馬上就明白了。我們一般禪修則是在發展過程中，要很細微地一層一層觀照進去，最後才終於知道是怎麼一回事。在參禪頓悟的過程裡，轉瞬一念的速度是很快的，但是前面需要具備一些條件，當因緣具足了，就可以「過關」。

用「過」這個字，雖然還是用相對的語言來形容悟道的過程，但是有此體會的人很容易明白，知道就是知道，明白就是明白，見到就是見到，可是前面的悟道條件還是需要慢慢修。在修行過程中，當問題浮現時，如果你的心愈來愈敏銳，清楚因緣生滅的過程，就愈能不被它干擾，心愈能穩住，這就是默照的工夫。心的本來性作用，只是讓它更自然、更完整地發揮出來。

見到本來面目

禪修悟道的見到本來面目，既不是聽到，也不是得到什麼答案，而是清清楚楚地看到了。用功到了這個程度，就能開始用方法，親自體會什麼是明心見性。話頭有話頭的善巧，疑情在用功過程中，能讓我們不斷地向內心深入，有力量破開雜染、破開疑團，最後把疑團打破，見到本性。默照的方式，則是到達統一境時，不入深定，反而放捨六根，對外是自然放任的、放開的，你的六根都很敏銳，所有的境都能容納進來，能內外統一，類似裡面有一個大我，但你能覺察到其實沒有一個真正的中心。

我們說心覺知一切，心之所以可以發揮作用，不是來自心的單一功能，而是能、所互相依存才得顯現，沒有真正不動的自我在其中，一切都在因緣生滅過程中。在統一境裡，會發現一切都是空的。看到心是空的，那就無心了。無心不是沒有心，而是心的功能完全是緣起緣滅的隨順，不加入任何的雜染。

當你有這樣的體驗後，便「入畢竟空」，或者有了這樣的體驗後，發現不能停留於某個程度，因為還是要回到現實生活。回到現實生活，也就是「出畢竟空」了，一切都是因緣生因緣滅、歷歷而然、清清楚楚的。經過這個過程後，你對這個境的體會、理解會和以前不一樣，所以你的態度會變得很自在，不受困於因緣生滅的現象。

我們說你這是看透了實相。為什麼你能看透？因為你知道事的同時，也知道它所依的理；並且從這個理，也看到事的運作，也就是「事待理成，有依空立」。因此，就能夠事理無礙。在現實生活，顯現出來的事相，是以理在運作。以前我們做事是事、理分開，無法貫通。通過修行，便能實際體驗了、貫通了事理無礙。所有的事都是整體在運作，事和理在運作，所以我們身心一體的運作和整個外在一體的運作，同時依法則、依理性運作。依理性是不生不滅、不增不減、不垢不淨、不去不來。雖然在現象上是有生滅的，但是在這個生滅之中，你可以恰到好處地去運作，所以稱為中道。中道就是剛剛好，沒有多餘的東西，不留後有。

隨順因緣，保持自覺

在修行路上，每一步走上去都是穩穩的，這是自覺。如何做到清楚的自覺呢？至少要知道自己的身心狀況，知道用什麼方法與它相應。當什麼方法都用不了，那就回到只管打坐。只管打坐是沒有方法的方法，也是沒有辦法時所用的方法。沒有辦法怎麼辦？就是繼續打坐！知道自己什麼都用不上，就只有放下了，反而不會胡思亂想，坐到後來會慢慢地發現心沉下來了。呼吸用不上、佛號用不上，那就放下吧！有時候這樣的放下，反而會發揮效果。當你可以完全放下時，才發現其實沒有什麼可失去的。

修行的要領在於調心，當心和方法相應了，能用上去了，就能發揮調和心的功用。我們用方法要保持自覺，自覺在於心的安定和清明，覺察狀態後，不被任何狀況干擾，面對它、接受它，然後處理它、放下它，這就是在用功了。

進禪堂前，不管你是什麼程度進來的，既然能藉著這個因緣用功，就要珍惜福報，清楚自覺當下的因緣，並隨順因緣，每一步都知道自己是實在地用功。即使不能真正用上工夫，至少能清楚知道自己的狀態，保持安定的心、默照的心，放下種種苦惱、種種消極的態度，這就是在用功，因為已經在轉念了。

放下自我，成就別人

用功時，最重要的是保持清明、自覺和安定的狀態。默照的方法到達統一境時，就是大我，但不要住在這裡，不然你可能會以為自己已經大徹大悟了，甚至想成立一個教派，成為教主。你要破掉「大我」。印度很多修行者所追逐的就是大我。「大我」有兩個：一個是外在的大我，小我會和它統一。比如中國的天人合一觀念，或是印度的梵我合一觀念；另外一個「大我」，則是在禪修時有可能會接觸到。

禪修修到心很細的時候，「真我」會顯現出來，我們要破除這個最微細的我執。如果你能在大我、統一境，見到一切都是因緣生滅，沒有實體，那你就開悟了。有了這樣的體驗，你的菩薩道會修行得很好。但是如果不能破除自我，就會自我膨脹，妄想變成教主。能否破除「我見」是悟道的關鍵點，佛陀跟隨的老師都仍執著自我，但是佛陀能破了我見，所以能得到究竟的解脫。佛教和其他教派不同，就是因為能「觀法無我」，佛陀教導的學生才能真正解脫生死。自我是輪迴的根，一定要破除延續後有的本能，才能夠解脫生死的束縛。

在修行的過程中，自我的範圍可以從自我、家庭、社會不斷擴展出去，甚至可以擴大到全世界。從小我到大我，層層擴散出去，每一層的「我」都不一樣。有的人甚至會將自己擴大到宇宙，幻想外星人攻擊地球時，為自己有能力拯救地球而沾沾自喜。這一種自我膨脹，其實就是很大的自我，必須要空掉。但是空掉之後，自我就不存在了嗎？還在，只是緣起產生質變。在你回到方法的當下，一層一層地深入自心變化，從每一層的微妙觀察，都能更清晰看到無常、無我，而更清楚自己應該放下的是什麼。

當你開悟了，師父還是師父，你也還是你，不會因為開悟了而變成另一個人。開悟後，你的名字照樣用，知道名字是緣起的現象，只是開悟前忙的是自己的事，開悟後忙的是眾生的事。開悟後，生命的現象還在，因為自己的煩惱解決了，沒事做了，無事可忙，就忙眾生的事。解決了自己的問題，生活就不成困擾，有些解脫的人就這樣悠閒過日子，而有些人想要度眾生，就去做義工。自己沒事，忙的都是別人的事，這就是菩薩。

誰在生死輪迴？

「我是誰？」「生從何來，死往何去？」是自古以來，所有人都會追問的根本問題。而想要解開生死的謎團，自己為何會存在於現在的時空，要先知道生死輪迴是怎麼一回事，以及心是如何運作的。

人為什麼會有生死輪迴呢？可以從十二因緣的運作來了解。十二因緣又稱十二緣起，包括：無明、行、識、名色、六入、觸、受、愛、取、有、生、老死。生死輪迴的由來，便是這十二緣起循環相續的結果。

平時，由於我們慣性和煩惱雜染的力量比較強，所以觸境時會與迷惑、無明相應。因為無明，觸會衍生出受、愛、取、有、生、老死的輪迴，這既是我們平時的生活狀態，同樣也是心運行的狀態，由於心與雜染、無明相應，顯現出來的就是不斷輪迴。

無明緣行，運行到緣生、老死的時候，便是純大苦聚集，也就是集合所有苦，形成輪迴。反之，一旦與明相應，後面的緣起就都跟著滅了，無明滅、行滅、生老死滅。於是，苦、集就滅了，這些都是心的運作。心同時具足明和無明的功能，關鍵在於如何運作，很多的雜染都是在運作過程之中產生的。

生死輪迴的根本在我執

眾生之所以是眾生，因為眾生是「無明」的，而佛則是「明」的。心明的時候，所有問題都可以自然解決，因為無明滅了，十二因緣之後的種種緣起，也跟著滅了，這是佛陀覺悟的體驗。

佛陀在菩提樹下，覺悟了緣起的法則。因緣生滅是現象，緣起的法則得出無常、無我。佛陀跟隨過很多老師，當時印度的教派都在講生死輪迴。這些教派談生死輪迴的時候，一定有一個「我」在其中。佛陀剛開始修行也是從印度的傳統角度看待生死，他用各種方法想讓自我得到解脫，後來卻發現人們所謂的「我」，其實是因緣和合的現象，是身和心所共同顯現出來的，就是因為執著於自我，才無法解脫。

眾生都有心的功能，心緣身，身緣名色，名就是精神與心識的作用，而色則是色法，是生理的作用，所以「我」一定是色和心這兩者的結合，這是色心緣起論。實際上，佛教不是唯心論，也不是唯物論，是色和心緣起，相依互存。

佛陀在菩提樹下所覺悟的，就是這個真理。他破了我見，知道生死之所以輪迴，並不是生命本身有問題，而是因為對於自我的執著。生命在因緣生滅過程中隨順因緣，生死不斷輪迴則是因為有迷惑、有錯覺。無明緣行、行緣識、識緣名色、……觸緣受，是理性的迷惑，然後受緣愛，再形成感性上的迷惑。「愛」就是愛染，愛染之所以運作，是因為無明，無明就是驅動愛染的動力。

理性的迷惑，不一定有造業的功能，但會染著。不只情緒會迷惑，意志也會迷惑，意志的作用會帶動行為。意志的作用一定有分別，分別裡一定有高下，高下裡一定是我高人低，就是我慢。慢心生起會產生另外一個可能性，就是別人比自己好的時候會自卑。自卑和我慢是一體的，就像貪和瞋是一體的，癡和不正見是一體的。癡是迷惑、不清楚、昏昧，也就是不正確的知見。不正確的知見中，最有力量的就是「我見」，所有的輪迴都是我見的作用在推動。聰明人的我見可能很強，染著的心也很強，染著於錢財、物質的享受，並渴望有權力掌控，而權力則牽涉到我慢。

很多教派的教主在修行上，都有大我的體驗，把自己放得很高、很神祕，甚至佛教界也有這個現象。把自己放得很高，這是大我，與我慢有關係。我慢跟染著的心分不開。因為有想要的欲望，執著了以後就會把我放大，這樣是因為有我見。我癡、我見、我愛、我慢是四大煩惱，「我癡」的癡，就是無明。我們有時候陷入無知的「我癡」，有時候陷入很強的「我見」，這兩種作用都可以在禪修過程中慢慢覺察出來。

有些人偏癡，自我中心很強。即使是很愚笨的人或動物，自我生存本能的需求也是很強的。從生物學的角度來看，生物的生存就是為了延續自己，讓生命傳承下去，這也說明了所有眾生心理的執著。有些眾生即使是昏昧不清的，他的本能也很強，想盡辦法不斷延續自己。這不只是物質現象，一定也有內在的心理功能，這是因為我癡、我見。

聰明的人容易產生「我見」。我們有覺知的作用，覺知就是見。有時候錯誤的覺知，會造作各種業。我們想要延續自己的本能，表示對自我中心的執著非常深，這是眾生的根，或者是眾生本能的作用。很多時候我們都是這樣，自我意識很強，但實際上我們對「我」並不了解。

執著阿賴耶識為自我

我癡、我見、我愛、我慢，從心理的角度來看，比意識還要更加深細、深層，所以被列入第七識末那識。第六識是意識，第七及第八識是意根的作用。生命之所以會不斷延續，是因它有種力量，作用全部含藏在意識或意根裡，我們把它細分，稱為第八識阿賴耶識。

阿賴耶識與第六意識之間，有一個連貫兩者的第七識，對內執著是自我，對外流露自我的功能，這個作用比第六識深，但它不是生命最內在的作用。假如它是最內在的作用，我們就無法改變它了。

第八識含有清淨和雜染的種子，第七識則是染著，將第八識執著為我。第六識因為依附著第七識和第八識在運作，所以從第七識執著自我所流露出來的功能，就變成有個我的作用在其中。我們用功的時候，因為帶有意識，所以還見不到自我的根，它比意識更深一層。輪迴的過程都是這樣運作，所以自我中心的執著是最深的，是眾生的本能。

從《瑜伽師地論》的角度來看，用功的時候無法直接進入第七識，當然也不能進到第八識，用功都是在第六識下手。第六識最活躍，我們平時把它當作心的作用，但它其實只是一部分，六識中的前五識是對外的，把所有外界訊息傳到中樞，也就是第六識。第六識如果再被細分，就能發現更深層的意識，有一部分作用含藏業習，也就是業的種子。在心的作用裡，必然還有多種不同功能，包括清淨的作用，不然我們就無法從最內在的心來淨化自己，如果淨化是外來的，心本身沒有內在的清淨作用，就不可能相應，不可能發揮了。

早期的佛教經典，以第六識含攝全部的心理作用，但後來有論師發現，如果都完全由第六識概括詮釋的話，很多狀況會分不清楚，所以論典很多都是在細分這個功能——分析第六識。到後期比較明確了，才出現第八識說法。在還沒稱呼它為第八識的時候，知道意識和內層的作用含藏這些種子，所以稱為阿賴耶識。如果最內在的阿賴耶識有「我」的功能，就失去了轉化的作用，所以阿賴耶識本身並不具有「我」的作用。這個「我」，如果是最根本的識，就無法轉化了，但它又比第六識——意識，覺知得更深層。所以在分析時，在意識後加個末那識，就是第七識，把阿賴耶識放在第八識，這樣層次就清楚了。

為什麼用功時不能接觸到我執、我愛？因為我執、我愛比較深細，我們所能發揮的作用只在前六識。我們所認識的自我都是很外在的：我們的學歷、工作、別人的評價，以及種種所學，就是現在所知道的「我」。

這個「我」真實嗎？它很虛幻，但我們卻執著不放。別人說你一句，你就不高興，這就是我執。拿你的名字開個玩笑，你就受不了。難道這個名字就是你嗎？這個「我」太空洞了，幾乎沒有一個實在的東西。我們什麼時候出生？叫什麼名字？如何成長的？哪個是實在的？沒有。但我們執著於它，認為這就是「我」了。這是最外在的自我，由因緣生、因緣滅顯現出來。我們緊抓不放到什麼程度？每天都在為此奔忙不已。

每天為什麼要刷牙洗臉？怕自己骯髒不好看，天天就忙著把自己好好地打扮一番。你們每天一早起床看鏡子的樣子，就是你們的本來面目，但你們卻不能接受，必須要塗塗抹抹，把自己折騰一番才能出去給人看。我們認為這個就是「我」，是我的面目。但這肯定不是本來的面目，因為我們加太多東西給它了。

我們看不清自我是虛幻不實的，就好像做夢一樣。晚上做夢的時候，其實夢很短暫，只在半睡半醒之間，才會有連接起來的感覺。夢出現在睡得比較淺、比較表層的時候，我們經由意識才知道它是夢。假如沒有醒過來，繼續睡下去，那個夢就沒有了。這是意識的獨特性，與前五識沒有結合。我們在做夢的過程中，會發現夢中有主角，而你肯定是主角，雖然夢中的主角不斷在變換，但你知道那個人就是你，這就是我們的潛意識，也就是深層的第七識作用。我們做夢時是這樣，醒來時也是這樣。

妙觀察無常、無我

打坐的時候，大家在忙什麼？在忙個人的生死大事。那你們用功的時候在忙什麼呢？在忙自己的腳痛、忙自己的煩惱、忙自己的妄念，全部都有個我，形成很強的我執習性。從唯識學來看修行，修行只能在第六識用功，所以稱為「妙觀察」，就是用佛法、妙法幫助我們去觀察，觀察什麼呢？觀察無常、無我。我們的心太散亂，無法專心觀察，必須用修止的方法，進入心的內在作用，然後才能清楚觀察、一心觀想。透過妙觀察，發現一切確實是無常、無我，你的心才能深細到第七識，才能清除第七識的我執，變成平等心。

我們用方法修默照禪時，用的就是平等心，否則就不平等了。為什麼不平等呢？因為有我慢心，有高下分別，有雜染、喜怒的反應。之所以這樣，是因為我們的心有迷惑，有內在的自我設立標準，分喜怒、分上下，形成各種活動，種種苦就聚合在一起，形成了輪迴。如果你能仔細觀察，就會發現所有的作用都是因緣生滅，並沒有任何真正的實體是我，能夠如此觀察，就是破了第七識，平等了。沒有喜惡、上下、高下，清理了自我執著，沒有我執，那就解脫了。

但我們現在還有「我」在，知道自己在用功，還是不斷在運用這個我，這個很正常。我們知道，無我是無掉第七識的我見、我癡、我愛、我慢，不是無掉這個身心，身心是因緣生滅的現象，是生命個體的顯現。

佛陀觀緣起，證到無我，破我見，在純大苦聚滅的時候，他覺悟了、成佛了，但是他並沒有從世間消失。他還在世間，不止在，還把修行心得與更多人分享。最重要的是，他當時所覺悟到的真理，是緣生緣滅、無常無我，和印度當時的主流觀念完全不同。印度哲學裡一定有我，視乎講到什麼程度的我：梵我、大我、真我。剛好佛陀修行所破的，就是這個我。佛陀證到能入涅槃的時候，他在菩提樹下坐了二十一天，因為他所覺悟的真理和人們的普遍認知正好相反，他覺得眾生無法理解這樣微妙的法，甚至還會誤解，所以他思惟著是否直接入涅槃。如果佛那時選擇了涅槃，我們就沒有機會聽聞佛法。

破除我見，寂滅為樂

在印度哲學裡，「我」是根本。生死輪迴因為有「我」，解脫生死也要有「我」來解脫，「我」是一個不變的實體。佛陀所覺悟的，剛好是要破掉這個我。因為我們有自我中心的執著，有我見、我癡、我愛、我慢，才有流轉生死，要想解脫生死，就要把「我」空掉、無掉，把第七識我執的作用、錯誤的知見空掉，而不是把生命空掉。生命在因緣生滅的過程中是不會空的，只有在解脫後，生滅滅已，不讓它再生，才能寂滅為樂。

如果我們現在有煩惱，就讓它生滅滅已；妄念浮出來，就不讓它再生，沒有愛、取、有的作用，你就解脫了，不受後有了。「我」是內在的執著，所謂的破我見，並不是破這個身心，而是破執著。破掉後，這個「我」還是因緣生、因緣滅，在這個過程裡，以往的業習會一層一層地消失、滅去。因為生滅滅已，我們讓它滅了，它就不再生，不會再有後有。但未覺悟前，我們則是生生滅滅，不斷衍生。我們打坐的時候，過去的事會浮現心頭，形成妄念，一旦妄念生起，我們就一定會在上頭加東加西，讓它延伸到未來。

想要「寂滅為樂」，最重要的關鍵是破除我執。要是能夠破了我見，即使妄念生起，我們看到妄念，就知道是因緣生、因緣滅，滅了就不再生，妄念、雜染都是滅了不再生，就是寂滅了，沒有後有，沒有愛、取、有，沒有生、老死，就不會再輪迴了。如果寂滅之後，願意為了眾生不入涅槃，重入生死輪迴，那是乘願再來，以大願力來度眾生，這是佛菩薩所發的大願。

妙用心的力量

心是如何運作的呢？心通過眼、耳、鼻、舌、身五根，意識（意根）會有種種覺知，並做出各種回應。心具有的不同功能，讓心在運作這些功能時，有時候是正面的狀態，能使我們清楚地面對外境，回應當時的因緣；但有時會有慣性或負面的情緒，於此情況做出回應會產生很多問題，因而形成了循環。

在此循環的過程，如果懂得回觀自己，會發現心其實有一種安定和清明的定慧作用，如果能適當運用，不管出現什麼境界，心都不被干擾。如果心不被干擾，又能照見外境，就會明確了解當下的因緣是什麼，因而能更好地回應。

比如你聽到一句話，必然是通過耳根進入意識在吸收，而產生心的作用，我們會分辨或了解話的意思。有時聽到說話的聲音時，耳根接觸到聲音的感覺是舒服還是難受，即使聽不清楚話的意思，但意識接收聲音訊息後就會去了解。接收訊息的過程快速到來不及清楚了解，就需要做反應。而意識接收到訊息，也是立即分析意識所傳達的意思，或聲音讓你感覺舒服或不舒服，就再通過身體的行為或語言將訊息回應出去。

聲音會影響我們的心，有些聲音會讓我們覺得很不舒服，譬如罵人的聲音，不用聽懂內容就覺得不舒服。例如我們到了一個語言不通的陌生地方，看到有兩個人在講話，不需要知道他們交談內容，從發出的聲音就能知道是在吵架、溝通或互相關心。聲音就是這樣，只要接收了訊息，心就會不斷地做出回應。如果聲音讓人聽了不舒服，是惡言惡口，我們接收到訊息後，意識會用以往經驗和慣性、習性、負面情緒和它相應，然後傳出訊息。過程非常快速，我們很少能夠清楚覺察，通常都是順著接收訊息後，當下產生慣性反應。

心的運作過程

很多習慣性的行為，會覺得好像是無意識的，其實是因為我們沒有覺照力，提不起這個作意的作用。事實上，我們接收任何訊息時都有作意。五種遍行心所包括「作意、觸、受、想、思」，作意是其中的一種心所，如果不清楚它的作用，我們以「觸」作意、就會「受」，「受」就開始分別。「受」是情緒的分別。「受」之所以如此運作，是因為有「想」。「想」是在分別中有各種記憶、影像，我們就會「行」或「思」。運作的速度非常快速，而且是由心所法（心理的作用）組合起來。

在「行」的時候，是善和不善的心所法組合，視乎我們如何回應它。由於心的運作速度非常快速，我們很少能清楚看到所有的過程，但是心如果能調得比較安定，就能清楚覺知當下的狀態。因此，有時候遇到問題，不要馬上做出回應，不妨先靜靜地聽。在那個過程，你會發覺自己對聲音，以及聲音所傳達的訊息，都能夠很清楚地覺知。

當你可以清楚地覺知，會發現不受影響時，心呈現安定的狀態，具有定和慧的作用，這其實也是心所法的心理作用功能。如果心的作用與無貪、無瞋、無癡的善心所法相應的話，這種定慧就能符合當下的因緣。我們的心具足了這些功能，只是運作的時候，功能容易被覆蓋、分隔，所以不能整體運作，而很容易跟隨慣性。

避免慣性的煩惱輪迴

人的慣性是長期累積的作用，這些作用容易趨向負面，與貪、瞋、癡煩惱相應，而產生了染著，在迷惑的狀態產生負面作用。想的迷惑，即理智上的迷惑，就是無明。受的迷惑，是感性上的迷惑，就是愛染。情感的迷惑會產生黏著的力量，也就是染著。由於這些作用在心裡長期不斷運作、累積，當你想讓心發揮定和慧的功能時，會發現沒有力量，因為貪、瞋、癡的慣性和雜染作用比較強，所以負面作用會比正面作用更快產生，因此在你回應當下因緣時，將產生很多負面作用所引起的行為，而這樣的行為會製造問題。

譬如聽到有個人講了一句話，聽了對方的口氣、聲音、說話內容後，你感覺不舒服，認為被罵了，我們的慣性通常是順著這個狀態走。因為不喜歡這個狀態，我們就用瞋心做回應，出口傷人。如果對方也順著回應，我們再隨之回應，彼此罵來罵去，愈罵愈凶，語言已經不能表達出你的憤怒，索性就從吵架變成打架，結果就沒完沒了。罵完後，事情還沒結束，過幾天會有第二集、第三集……，像連續劇一樣上演。

有時候你們打坐，也會出現這種情況。坐著坐著，前幾天和人吵架的畫面會浮現出來，因而負面的情緒和煩惱也會浮現出來，可能先前被對方罵到無話反駁，打坐的時候卻找到了方法，準備打完禪十再回去和他續「第二集」，同時想著：「下次我一定會罵贏，因為打坐時，全部想罵的話都出來了。」結果打坐時，你就把整個劇本都寫出來了。不但很多人都陷在類似的輪迴中，其實我們平時處理事也會經歷這樣的過程。

身心放鬆，不受干擾

如果吵架的時候，我們的心很清明，就會知道對方是因為生氣了，才口出惡言。我們知道一個人生氣時，最先受傷的是自己。因為生氣的時候，會感覺身體不舒服，甚至還沒罵人之前，那些想罵人的話已經先在心裡過了一遍，等於是先罵了自己一次。

如果我們清楚知道當下的狀態，心是安定的，完全不回應，對方罵了幾句後，會奇怪你為什麼不回應，可能就罵不下去了。因為我們罵人罵得很凶的時候，一定以為對方也會很凶地回罵，但如果你回應時，心是安定的，身心是放鬆的，你講的話不是罵他，甚至能安慰他，對方接收到你正面回應的訊息，可能就消氣了。這樣你不但不會被對方的情緒牽著走，甚至還能改變對方。

你有沒有這種力量？在那個狀態很清楚，不但清楚對方的情況，而且清楚自己內心的種種作用，知道自己很安定，因為無貪、無瞋、無癡，我們的心就不會波動了。

我們的心之所以會波動，是因為貪和癡。心如果無癡，就能清明。你如果無貪、無瞋、無癡，就與對方的貪、瞋、癡不相應了，不受對方的情緒影響。無貪、無瞋有定的力量，無癡有慧的作用。定和慧是我們心的本來功能。你在回應的時候，你的「行」會隨順當時的因緣，但不隨著它流轉，而能使爭執情況不再惡化，甚至還能化干戈為玉帛。

如果我們能夠發揮內心的這個作用，就是默照了。心安定就是「默」，不動搖、不被干擾。無論發生任何事，如果你的心都很清楚，甚至能清楚對方的內心想法，這就是「照」。你看透因緣運作，知道他的行為來自習氣問題，來自貪、瞋、癡的煩惱。如果你跟著外境轉，就是在輪迴，但是如果你的心能「默」，不被干擾——保持安定，就不會跟著對方輪迴了，不再形成惡性循環。

我們每個人的心，其實都有默照的作用，但往往發揮不了。當對方的心是貪、瞋、癡的，我們的心也跟著一起貪、瞋、癡，並把這種作用延續下去，這就是輪迴。

打坐的時候，如果生起負面的念頭，可是你的心是安定的、清明的，不跟著轉動，這個妄念就過去了。因此，妄念生、妄念滅，就讓它滅了，而滅了就不要再讓它生。

我們有沒有這個力量？我們的心能不能做到這一點？做不到是因為起貪、瞋、癡時，我們隨著煩惱轉；做得到是因為無貪、無瞋、無癡，與定慧相應。這些心本具有的作用，如果不能發揮，就會跟著負面情緒轉動。心的本來作用是本具的，不是外來的，你需要用方法嗎？不需要。在你當下清明、當下安定的時候，心自然顯現這個作用。如此運作就是順著因緣，而不會製造輪迴。但因為我們的習氣太多，長期累積的問題很多，所以常常隨之流轉。

發揮心本具足的功能

讓妄念滅了再生，這就是輪迴。如何讓它滅了不再生，那就要用默照。如果你有這個力量的話，便能心不動搖，清楚知道這只是一個過程，只是因為無常。無常直接從妄念顯現出來。它生起來了，然後滅去了。它不滅是因為你在加東西給它。如何不加東西進去？首先你的心要先安定。你的心不但要安定，還要清楚生滅過程，如果對過程不清楚，它的力量還在。

有時候我們忽然起了很多妄念，由於已經習慣了這些妄念，就麻木到沒有反應了。沒有反應是因為處於無知的狀態，也就是癡，因為你沒有了警覺的心、覺照的心。所以，一定要很清楚知道情況，在知道的同時，又不會被它干擾，因為心很清明、很安定。明白事情的因緣生、因緣滅，你放下了執著，它就不會形成循環，不會再輪迴。

這個作用不是外來的，是心本具足的功能，我們要讓它發揮出來。我們之所以發揮不出心的清明功能，是因心的力量不夠。有時候心安定了，很快又被外境波動；有時候心本來是清明的，卻因妄念愈來愈多，清明的作用被雜染覆蓋了。我們在打坐時，都會遇到這些情況，可是我們也知道心可以安定下來，並發揮清明的作用。如果能讓清明的作用自然、完整地發揮出來，就不再有輪迴的問題，也不再延續了。

吵架罵人的時候，你的心是不是很不安？為什麼不安？因為不知道對方會罵什麼話。如果你們展開唇槍舌劍對罵，就變成了輪迴，產生後續的力量。我們的心有沒有力量，不讓這樣的事變成輪迴？

如果你的心是在默照狀態，就不會如此發展。不管發生多大的事，在統一境、默照境裡，就會化小、化無。因為你把它消融在境裡，所有發生的事都是發生在局部而已，所有的聲音都是局部的，對整體而言，我們只是眼、耳、鼻、舌、身、意六根，然後色、聲、香、味、觸、法六塵，加上眼識、耳識、鼻識、舌識、身識、意識六識，在十八界中，你只是小小局部作用而已，它不能影響大局，在這個狀態，沒有任何作用被干擾。佛菩薩或有這些體驗的祖師大德，能在此過程讓諸法因緣生、諸法因緣滅，生滅滅已，寂滅為樂，事情就這樣寂滅了，而不會再衍生新的問題，不再輪迴，也就是不受後有，沒有後續的作用。

我們在日常生活或禪修的時候，知道心的作用沒有發揮出來，所以要有方法去練習，讓心保持在統一境的狀態。我們用的所有方法，基本上都有這個用功原則在其中，一定是專注安定、覺照和清明。你用所有方法，無論是用眼根、耳根、鼻根、舌根、身根，還是意根，緣某一個境，藉用這個根和境「觸」的過程保持清明的狀態。觸隨著受、愛、取、有，與安定和清明相應的觸，觸到任何一個外境，你的心都如如不動，了了分明，就不會有受、愛、取和有，後面後餘的作用就不再延伸，不會有生、老死的輪迴。

讓正念成為心的主流

如何不讓心與無明相應，而是與明相應呢？無明只是迷惑，心在覺知的時候，它的作用本身是沒有迷惑的，只是當下你見到這個狀態，觸境的時候是和什麼相應？如果是和煩惱、無明、習氣相應，迷惑的你就造業；和明相應的話，緣的行就不會是無明所緣的行。我們不會完全沒有行動，然而是朝輪迴的方向還是朝解脫的方向？你的心在一念之間就朝其中一個方向去了。當有人找你吵架，你可以一念之間就不跟他吵，一念清明就不動氣，不只是不吵架，還能和對方溝通化解問題。

有時候方法用得好，會忽然間心提起覺照，知道自己方法用得不錯，便故意提些不好的念頭，你會發現一提起就不見了，為什麼呢？因為你的正念力量強大，心很安定、清明。通過不斷練習，正念已經成為你的心最主流的作用了。

如果我們的心能發揮本自具足的默照功能，展現定慧的力量，就能不隨貪、瞋、癡煩惱流轉，解脫生死煩惱，以智慧照破無明的黑暗，讓生命充滿光明。

下篇

禪法觀心

禪修入門的要領

一些朋友來禪修，以為可以法喜充滿，結果卻是苦不堪言。他們知道禪修很好，所以來學呼吸的方法，一坐上坐墊就找呼吸、抓呼吸，覺得一支香下來，如果沒有數到呼吸，就是失敗了。硬逼自己的結果，身心狀況變得更粗重、鬆散，根本覺察不到呼吸。當你什麼方法都用不上，就要用沒有辦法的方法，也就是不用去理會方法，只要坐著放鬆自己就好。

什麼是沒有辦法的方法？就是只坐在那邊，什麼方法都不要用，不要勉強自己用功。這樣子等到你放鬆、放下的時候，身體自然會慢慢地安定，妄念會逐漸地沉澱。覺察到身體和呼吸後，再去緣那個境，方法就用上去了。如果一坐下就急著找呼吸、掃描全身，愈想要放鬆，反而愈不能放鬆，硬逼著自己放鬆，方法會變成教條化，要隨順身心當下的狀態來應用方法。

善觀因緣用方法

禪修方法要把握原則，運作時把握技巧。在運用的過程中，隨順身心當下的因緣來運作。如果身心狀態不佳，無法放鬆，解決的技巧在哪裡？回到所緣境。心比較細時，用比較細的所緣境，比如默照、話頭；心比較粗時，用比較粗的所緣境，比如數息。

靜態的用功要用靜態的所緣境，比如靜坐用觀呼吸、默照、話頭的止觀工夫；動態的用功要用動態的所緣境，專注於當下身心的狀態，比如日常生活走路時專心走路，吃飯時專心吃飯，也就是《小止觀》所說的「歷緣對境」。用功的時候，一定要保持安定清明，清楚地專注在那個所緣境上面，那你就是在用方法了。你的所緣境是什麼？是當時的狀況，身心當下的因緣。用的方法是比較粗還是比較細，視當時狀況調整。能像這樣用方法，方法就活了！

在禪堂打坐時，為什麼要有一個調整身心的過程，而不立即打坐？因為你的心躁動不安，根本用不上方法。入禪堂時，要先進來禮佛，然後再放鬆坐下來，這個過程其實是不斷收攝我們的心回到身體，然後覺察自己當下的身心狀態是什麼。我們需要調身、調心、調息，再用上方法打坐。

調身的要領

調身有一個七支坐法的過程要領，把腿盤好結跏趺坐，挺腰含胸，雙肩平垂，手結法界定印，下巴內收，眼瞼下垂，舌抵上顎。眼睛要留意不東張西望，可以閉眼，或微張約二、三分眼。如用止觀方法，所有外塵進來就進來，保持中立，不理會它。來者不拒，去者不留，這是止觀。影像如此，聲音也是一樣，能這樣用方法，心就會安定。

有時候把眼睛閉起來，往內看，用身根或呼吸為所緣境，以進入心的內層作用，也就是意識，提一念，緣一境，這是用功的技巧。緣這個境，安住在這個境，讓心的覺照慢慢凝聚、統一。在這個過程中，身體不舒服的覺受和許多妄念，包括掉舉、昏沉、貪、瞋、癡的煩惱，會一直浮現出來。這時該如何處理呢？就是專注安定，不受干擾，也不要在這樣的過程陷入慣性、昏昧或麻木的狀態，用覺照的力量保持清醒。

我們在用默照方法時，默和照的兩個作用往往是分開的，默的時候沒有照，照的時候沒有默。剛開始兩個作用有前後，然後慢慢地結合，這樣心就能統一，所有的境都是自然進來的，不必去攀它，如果慣性去攀它，就成了攀緣。

雖然我們多數用身根做為所緣的境，調身時，也要同時調心，讓心收回來。先把心收回到自己的身體，審查身體有沒有調好，接著把姿勢調好。每個部位是不是都能放鬆、安定？把心收回來，能注意身根，這個心就收攝回來了。

有時我們用呼吸的方法，或者在意識裡把佛號、話頭或咒語提起了，然後訓練它，加強我們的正念。在很多的妄念裡，提起一個正念，然後慢慢凝聚這個正念，讓它成為心最主要的作用。如果是用觀呼吸的方法，就回到呼吸，心不對外放出去，心不外放，就能收心。

用功的技巧

當身體安定了，心收回來了，心就會慢慢凝聚、安定下來。安定的時候，心保持清明，就是持續保持心本具的功能，但是要心發揮這個本具的作用並不容易，因為會被很多慣性、雜染干擾，所以要先找一個境。這是用功的技巧，先讓心安住在一個境上，然後才來凝聚它，令心清明的作用愈來愈敏銳，讓安定作用愈來愈凝聚，所以要先把心放在一個所緣境。

這個所緣境可能是我們的呼吸，或意識裡所提的正念，或用身根為覺照所緣的境。這些方法的運作都有一個所緣的境，用技巧直接讓心專注和覺照，能安住在方法上，並且凝聚，讓它們結合、統一，自然地發揮作用。

禪修的方法有很多種，除了身根有呼吸觸覺和意根意識的作用，還有用耳根和眼根的方法，但是傳統的方法很少談到耳根，眼根則多數會緣一個所觀的境——地、水、火、風，讓心安住在此凝聚，這個方法需要外境支援。如果用身根的話，直接用身根就可以覺知、覺照，不用另找外在對象做為所緣境。

呼吸是氣息流動的時候，在鼻孔部位所產生的觸覺，我們把心放在此凝聚。這個技巧運作的目的，是讓心安住在一個境，專注在那個境，心才不會跑來跑去，才能夠保持專注和覺照。用功的時候要這樣運作，不管用什麼方法都是這樣運作，所以無論是數呼吸、覺照身根或正念的方法，一樣都是這種方式和原則，這些都是技巧。

用這個方法，知道心有清明和安定的作用，借用方法來凝聚它們，讓它們的作用結合、統一，心的主流作用就會是這個正念——我們用功的念，而妄念則會慢慢沉澱下來，干擾愈來愈少。我們的心如果能保持這種清明安定的狀態，回應的時候就會減少很多不必要的煩惱，也能減輕輪迴的力量。禪修是這樣用功，了解技巧的運作，把握原則，選擇或是發現某個方法，讓自己能夠這樣與它相應，用這個方式去用功就沒有問題。

調心的原則

愈深的法門，就愈接近開悟的方法，也愈簡單。我們需要從很多雜亂心念調到一心，心簡單，方法就不需要複雜。心的功能是整體的，六根接六塵，全部是心的功能。心念一多，人就很複雜了。動妄念的時候，雜七雜八的東西就會不停地加進來。譬如你動了個妄念，忽然有個聲音進來，你可能會把這個聲音也加進來，然後跟著妄念一起轉。例如身邊的同學有個動靜，你也會加入你的妄念中。當我們的心念很複雜，簡單的方法就用不上去。

所以我們要「調心」。從開始時的多心，慢慢地用方法調整，當數呼吸的方法用上去，是三個心：一個在呼吸，一個專注在呼吸，一個知道專注在呼吸。然後，慢慢結合兩個專注覺照的心，注意到呼吸是兩個心，漸漸變成一個心。這個階段很簡單，最後只要把這個心空掉。要像這樣子調心，那才有辦法修心。

不論是多麼基礎的方法，心一定要有默照的工夫，用功的原則要把握——覺知觀照。像這樣子用功，你會感覺很實在。很多人用功多年，卻感覺自己修行修得很虛，心也是虛的，對禪的理解好像是又好像不是。我們應該仔細看看自己是否踏踏實實地在用功，老實面對自己。

保持工夫的方法

用功修行不只在禪堂而已，更要不斷提醒自己，在日常生活中也能照樣用功。雖然日常生活中，工夫不能成片，未能大部分時間保持用功，只能在短時間內運用，但是沒有關係，只要方法在，每天都能提起，就能持續用功。即使你的用功狀態是斷斷續續地，斷的時間比較多，續的時間比較少，但只要能「續」上，就能經常保持工夫。

平時需要多做基礎工夫，多念佛、多注意呼吸、提提佛號、提提話頭。生活中有時間打坐，就好好地坐。狀態好的話，就把方法一直提起，用工夫一直深入，看自己可以深到什麼程度。如果工作完很累，一打坐就覺得很累怎麼辦？用沒有辦法的辦法，有點像只管打坐，即使睡著或有很多妄念，都沒有關係。睡著還有妄念，那是夢境。很多同學打坐時都會做夢，睡著了，浮出妄念。你可以看看當自己睡著，妄念很多時，佛還在不在？

不論在什麼地方，有機會就盡量盤盤腿，盤腿是一種練習方法，練習讓腿適應盤坐與習慣打坐。經常盤腿，腳筋肌肉會比較鬆，比較柔軟，盤腿就能舒服一點，不會那麼容易腿痛，而能夠耐得住久坐。

用功、禪修，不是一定要用什麼方法，而是根據當下身心的因緣。當你不斷提昇自己的工夫時，會發現每一步都是實在的，體驗到的一切都是實在的，也知道每過了一步就要能夠放下，你就會不斷地成長。

問：什麼禪修方法最高明？

答：修行方法沒有高下的分別，跟你相應的方法就是最高明的。不跟你相應的方法，別人用了「開悟」，你用了「開誤」，變成錯誤的誤、誤會的誤。這個方法你一用相應了，用上去了，這方法就是對你受用。

有些方法表面上看來比較粗，但有些人一用就用上去了，有體驗了，因為方法與他相應。因此用方法的時候不要分別，還是先審查自己的身心。不要看到別人總是在打坐，如果你這個人是要在跑步的時候開悟的，或者你是在吃飯的時候開悟的，對你來說，打坐就不是最好的方法。不是所有禪師都是打坐時開悟的，每個人相應的方法不同，所以不去分別，而是回到自己的身心做為用功的起點。你當下的因緣是什麼，就是那個。

問：在家裡可以打坐兩個小時，為什麼參加密集禪修坐了半個小時就腿痛？

答：在家裡每次坐兩個小時，但是一個星期只坐一次，而且那次還是睡著的，當然會睡到連腿痛都不知道，這些情況只有你知道。當然，我們也可以解釋你腿痛的原因，例如禪堂裡打坐的時間長，打坐的時間緊湊，腿沒有時間休息，所以很累。運動員比賽時，無論是半決賽、決賽，都需要有間隔的時間。如果剛好排的比賽之間沒有休息，也是會很累的。

問：打坐的時候，有很多妄念出來怎麼辦？

答：妄念出來時，你如果再加東西進去，那就回到習氣了。前幾天發生的事，我們一打坐通常都會浮上來，明明那些聲音已經過去了，但是我們卻覺得它還停留在心裡。其實不是聲音還在，是心染著它，在迷惑理智的情況下，也迷惑了你的情感。要是你打坐當下的時候覺察到，這不是我應該有的情況，然後把它放下，就不會再跟著它轉了。該怎樣運用這個力量呢？回到你的方法：數呼吸、念話頭、覺照全身、念佛……。

剛開始用方法的時候，如果這個妄念很強，你沒有辦法直接面對去處理它，可以先轉移，回到方法。粗的妄念都是來勢凶凶的，力量很強，你不能直面對決，因為你的心力薄弱，心常常會被妄念淹沒。怎麼辦呢？我們轉移目標，回到方法。練習這個方法的時候，我們專注、清楚知道自己在呼吸，專注在呼吸，很安定同時也很清明，知道自己在用這個方法。慢慢地，你會發現力量愈來愈穩定，它就成為你的心最主要的功能，就變成正念。這時候還有妄念嗎？有，但不被干擾了。

問：為什麼在禪堂打坐特別累？

答：平時我們打坐疲累，不是身體的累，而是心理的累。從生理的角度說，就是用腦過度，用到頭腦懶了，不想動了，它說：「我好累，我想睡覺了。」有時身體不是很累，但頭腦會沉下來，這種沉有時會沉得很深。所以打坐的時候，有種疲累是身體的，坐著坐著就睡著了，此時不妨躺下好好休息。有時候是坐著坐著，不知道自己睡著了，甚至睡到哪裡去也不知道，就是感覺自己的心重重地一直往下沉，這就是太用力了。如果你用方法時都是這樣，當然會很累。本來用方法，調了之後就會輕安。放鬆身體就會輕安，但我們的身體不放鬆，甚至用方法時也不放鬆，就像有些同學怕方法跑掉，就用妄念的「繩子」把那方法綁住，所以累上加累。

有些同學每天打坐，每天要找時間睡大覺，為什麼呢？因為太累了。為什麼累呢？因為用方法和妄念鬥爭，看是你有力還是我有力，最後當然是你輸了，為什麼？因為兩邊都是你一個人在用力。妄念的力量來自你身心的運作，凝聚妄念力量的是你，要跟它鬥的力量也是你自己，你兩邊都消耗，當然坐不下去。妄念運作時，是很消耗身心的，心思太多的人，自然很快就累倒了。

問：為什麼在禪堂打坐特別容易睡著？

答：現代人工作很忙。有工作的人很忙，沒有工作的人也很忙，反正就是要找些事來忙，因為不忙就不知道日子該如何過，結果把自己身體的能量都消耗了。如果消耗後不能補充回來，或消耗的過程中不懂得儲存能量，在打坐放鬆的時候就愈坐愈好睡。平時不好睡的人，一進禪堂就睡得很好，因為太放鬆了，在這裡什麼都不用想。平時慣用的手機、電腦都不能用了，這個時候很放鬆，所以睡得很好。

問：打坐時分不清自己是在用功還是在打妄念怎麼辦？

答：有些同學在用功過程，容易將用功的心與妄念混在一起。有些思惟是調心的，你分不清楚哪些是妄念、哪些是正念。分別方法很簡單，我們就用基礎的方法，只要不是方法的，就知道是妄念。方法在哪裡？方法在呼吸、在佛號、在身根的觸覺，一切都很清楚，若不是這個，就是妄念。妄念顯現就知道是妄念。可是思惟的時候，是妄念在用功，還是一心在用功，有時你分不清楚，反而錯把妄念做為用功的工夫。

默照

我們所用的大部分禪法，基本上都含有默照。如果說默照是沒有方法的方法，第一個意思是指真正在默照的時候，其實不需要任何方法，因為這是我們心的功能自然顯現，用什麼方法都是加工——加上人工；第二個意思是指默照是沒有方法的，表示任何方法都是它的方法。只要懂得把握用功的基本原則，我們所用的方法都是默照。

如果用功的時候不專注，根本不能用默照這個方法。用任何方法，如果不能安定和清明，就不是在用方法了。心沒有動搖，可是卻睡著了，沒有照，只有默，但這個默是無記的。而什麼狀況都知道，但心跟著狀況上上下下地起伏，那就只有照，沒有默，這也不是在用方法。我們所用的任何方法一定都含有默照的作用，換句話說，就是每個方法所依的心理作用，都是心所具足的默照功能。

用默照來統一境

我們用方法時，把握到基本工夫之後，要用上默照，基本上沒有問題，但在方法上，可能有不同的技巧運作。默照有一個很重要的觀念，在默照裡沒有對抗。若你感覺有對抗的心就不是默照了。默照是統一境，「能」、「所」都統一了，還有什麼可以對抗？沒有，全部都在整體裡。

所以用默照的時候，要學會不對抗任何的境。身心不舒服，不要與它對抗。緣到不舒服的境，不要與它對抗，一對抗就不是默照了，因為你的心在動了。如果你不對抗，它就是統一的。無論現出任何境來，你都把它融入到統一境去，即使你還沒有達到這個境界，但在觀念上、心理上，都要用默照這個方法，要用這樣一個原則運作。所以，打坐的時候，無論身心出現什麼狀態，都要用默照方法，就是接受它、安忍它，直到最後能所統一。在統一境裡，沒有動搖，不受干擾。無論你用什麼方法，默照都是用功的基本工夫。

我們心的默照功能，就是要讓心的整體功能自然發揮。所有的方法，一定具有「默」和「照」的功能。修行時所用的方法、感受與環境，都是我們的所緣境，而在這個所緣境下覺照一切，就是默照。如果能夠坐得很好，「能」和「所」便能統一，默照同時。不用加任何東西進去，只要加了東西都不是默照，默照是不增不減。不管遇到什麼境，不管身心觸到什麼境，那個境就是在統一境裡，不是對抗的。如果能夠這樣用方法，什麼方法就都能用上去，因為把握了用功的基本原則。所以在面對所有境時，要學習用默照的方法把它統一起來，然後安住在那個狀態。默，就是如如不動，不被干擾，心是安定的；照，就是了了分明，清清楚楚。

剛開始打坐時，心可能很散亂，出現很多境的干擾。沒有關係，繼續不斷地練習。用得上方法時就用方法，用不上方法時，就只是打坐，保持身心對打坐有清楚覺知就好了。你會發現總是能放鬆地用方法，所用的方法就不會很難用，而且能很放鬆地運作，慢慢地這些方法便會和你相應、融匯。

放下妄念，只管打坐

「默照禪」由宏智正覺禪師所提倡，如果你讀過他所寫的〈默照銘〉，會覺得他好像沒有教用功的方法。有人說〈默照銘〉講的是開悟的體驗，如詩偈所說：「默默忘言，昭昭現前；……露月星河，雪松雲嶠；晦而彌明，隱而愈顯；鶴夢煙寒，水含秋遠；……。」銘文有對風景的種種描述，也提到鶴，這些都是形容體驗，而沒有提及方法。後期紀錄裡的「默照禪」，大都和他有關係。

然而，「默照禪」在大慧宗杲禪詩口中，卻成為了「默照邪禪」，意思是學默照的人都走偏了。他為什麼會這麼說呢？因為他認為修習默照的人，都是掉入無記，是睡著了，只有默，沒有照。當時，沒有人講如何用方法，默照禪傳到日本後，成為了「只管打坐」，反而還有點味道。

你們打坐時做什麼？你們打坐的時候做的事可多了：腿痛、腰痠、煩躁、妄念、昏沉……。有沒有人打坐時只管打坐？沒有。在打坐時如果能夠只管打坐，就沒事了。當下打坐，就只管打坐，整體的因緣就只管打坐。你們是不是這樣？吃飯的時候是否只管吃飯？不是，你們是只管分別。這麼好吃的菜，你們不但不懂得吃，還挑三揀四。為什麼飯吃完了，菜還留了一大堆？因為嫌菜不好吃。你們吃飯時一上桌，會先看哪個菜是自己喜歡的，等一念完〈供養偈〉，就「唰」一下地趕快夾來吃，深怕被其他人吃完了，心裡動的都是這些念頭，你有這樣的分別心，當然沒有開悟。

默照看起來是沒有方法的。當時的因緣是什麼，就是整體在因緣裡。你可以試試用「只管打坐」這個方法，把姿勢調好後，就坐在那邊打坐。表面上似乎很容易，其實並不簡單，關鍵在於心法，你的心有沒有在打坐？心裡的妄念一大堆，很明顯地沒有在調心。

如果你人在打坐，心也在打坐，身心一體在打坐，這就對了。這過程裡有沒有方法，需要加入什麼嗎？不用。你最多不得已加了一個念頭——「只管打坐」，提醒自己在打坐，知道自己在打坐。這個「我在打坐」的念頭是加上去的，加工的。這個有用嗎？有。它能提醒你打坐時只是打坐，沒有其他的事，整體的因緣只是打坐。在經行的時候就是經行，呼吸的時候就是呼吸，如果能做到這樣，你的心跟身體完全是一致的、一體的、統一的，那就是默照了。

心清明以防無記

打坐時，心裡只需要提起一個念，知道自己在打坐，這個念還不是整體的，只是提醒自己保持姿勢，保持打坐的心，什麼都不要加。雖然這個時候你的妄念很多，但既然是只管打坐，就不要被妄念干擾。如果你跟著妄念轉，就不是在打坐了，你本身就是妄念，而不是正念了。你就讓妄念生、妄念滅，在生滅的過程，不理它，因為你只是打坐，你的心只是打坐。慢慢地，妄念就會沉澱下來。剛開始妄念來時，心還會受影響，我們只要持續回到打坐，心也打坐，就能漸漸地不受影響。妄念沉下去，身心之間的距離就一致了。

我們平時的身心有距離，身體在打坐，心在妄想，並不一致。剛開始用功的時候，心還不能直接回到打坐上，身心不能統一。你的心在妄念裡，妄念就會不斷地干擾你，如果能讓妄念自生自滅，沉澱妄念，心的作用會愈來愈清明。不被妄念干擾的心，就是默。默愈來愈安定，照的功能就愈來愈清楚。最後，當你完全安定了，成為一個整體，照的功能也會變成整體。妄念還是會來，但你的心是默，不被干擾，然後妄念消失了，好像是一個過程，一個流動。你的心愈來愈清明的時候，身和心是一體的，打坐就只是打坐，身和心統一了。如果你用了這個方法，真的是什麼方法都沒有用。

我們現在打坐的時候，不是在打坐，其實是在打妄念、打妄想。如果你用只管打坐這個方法的話，就是坐在那裡，妄念來去，不理它。當妄念減少後，照的功能就會愈來愈敏銳。

有些人是妄念下沉的時候，心也跟著往下沉，因為他習慣看著妄念動。心雖然穩住了，但是隨著妄念動，妄念沉下來的時候，心沒有照亮，也會跟著往下沉，最後沉到「黑山鬼窟」。山在白天是亮的，晚上就是黑山。你進去的時候，裡面都是一片漆黑的「鬼窟」，還有比這個更黑暗的嗎？你的心為什麼會進到黑暗的狀態呢？因為你的心睡著了，而且睡得很深沉、很昏昧，也就是「無記」。

心不用方法的時候，會習慣攀緣，如果不能提起覺照，就會持續攀緣，當緣往下沉，心的功能也會慢慢沉下來，變得有些萎縮，有點懶洋洋，就好像身體很疲累了，坐下來休息後，就會什麼都不想做，最後索性躺下來睡著了。睡著是很正常的事，因為你的身體疲累了。心沉下來也很正常，因為它喜歡攀緣，而導致疲累。「老參」就很容易掉入這個情況。因為工夫好，打坐時，身體不痠、不痛，但方法用不上去，提不起來，照不到妄念，也照不到方法，最後心只能往下沉，而且一沉沉到底。在禪堂裡，他可以坐很久，連坐幾支香都沒有問題，可是心沒有功能了，這種情況很危險。我們的心要產生覺的作用，覺是覺知、覺悟，要是覺的功能沉下去，那可就麻煩了。因此，我們要提這個覺。

如果你用這個方法，一定要非常清楚知道自己在打坐。那清明的一念一定要提著。當妄念沉得愈多，你會發現清明的作用會愈來愈敏銳，愈來愈清晰。那時候，「照」和「默」統一，你在那個當下整體默照。這個方法，你懂得用就是一個善巧，不懂得用就掉下去了。

以心照見整體

打坐的時候，容易因為腿痛坐不下去，就起瞋心；坐得好一些，就起貪心。你的心在那裡上上下下地起伏，無法保持穩定，可能有一點照的作用，但默的工夫不在。如何讓自己在照的時候，默也能安穩呢？這需要一些方法。讓心安住，需要有個境讓它去緣。默照的時候，基本的工夫是心和身統一。我們需要用心先照身體，直接整體地照，統一境就自然顯現出來。

心在照身體的時候，身體就是所緣的境。心能照這個身體，在照的同時與身體統一。照一定要整體地照。能做到整體照時就會發現，可以覺察到身根所有的觸覺。但身體的觸覺一定有些部位比較強、有些部位不容易覺察；

有些部位很舒服、很放鬆，有些部位很不舒服，比如像腿痛，這些觸覺我們都會有。

身體的不同部位會有不同的觸覺，你都能感覺到，但你的心如果妄念不息，就沒有默了，所以我們要整體照。所有不同程度的觸覺只是整體裡的局部，既然是局部，就保留在局部的位置。你的心照見了，但沒有移過去，你的心照見的還是整體。

為什麼你的心不移過去？因為你照見的無論是痛或觸覺，只當它是觸覺；意思是要平等地照，整個身體就是平等，你的心就能保持平衡，不會向任何部位移過去。不移過去，你的心就是默。能夠整體照，就能保持平等的覺照，心就自然平衡，就默了，不動了。

如果你的身心很敏銳、很放鬆，只要用一個坐的姿勢，就能調好身心，當下就身心統一，這是默照的基本工夫。當你做不到基本工夫時，就需要有前行方法的協助，也就是需要覺照全身，照不到整體就照局部。延伸出的這些前行方法，都是不得已的。整體範圍太廣，所以就用呼吸讓我們的心統一，再用呼吸專注覺照，身和心就統一，這是加了個前方便。局部掃描、局部放鬆也是這樣的過程。掃描經過的部位時，一定要保持覺照，到最後的部位就覺照整體。

這個方法練習兩、三次後，就要覺照到整體。雖然覺照整體不容易，你大概只能有模糊的概念，但是沒有關係，重點在於照的作用是否愈來愈敏銳，是不是能保持平等，不被干擾，這樣默的工夫就能跟它相應。照得愈敏銳，默就愈安定；照得愈整體，默就愈平衡。如此一來，默和照就能同時，身和心就能統一，能和所統一。

「只管打坐」是最直接的禪修方法，以默為基礎，完全靜下來，沒有任何加工，心保持完全不動的狀態。在這個狀態裡，是以身的打坐為所依，然後各種妄念沉積下來，心的照的功能愈來愈敏銳，與默相應，就是整體了。身心統一了，當你的根觸境的時候，境就自然融入統一境。沒有所謂的內和外，也沒有身和心，就是一個完整的統一境。一切都在統一境裡，默照同時。做不到的時候，就需要前方便的方法。

我們之所以需要這麼多的方法，是因為我們的心太複雜，需要方法處理這些妄念，也就是處理貪、瞋、癡煩惱。這些問題是源自長期累積太多的雜染，導致身心不能達到簡化的狀態。為什麼以前的人只管打坐，就可以默照同時了？因為身心簡單，沒有這麼多雜染。像聖嚴師父要大家覺照全身，有些同學一覺照，就身心統一了，因為心簡單，心裡沒有那麼多雜染。身心時刻保持放鬆、敏銳的狀態，方法一用就相應了。

公案、話頭

禪宗的參話頭方法，是從宋朝的大慧宗杲禪師開始教起的，之前大部分都是參公案。我們無法得知參公案是從何時開始的，而六祖惠能大師曾經給過一個公案：「不思善，不思惡，哪個是你的本來面目？」還有一個很明確的公案是，溈山靈祐禪師問香嚴智閑禪師：「什麼是父母未生前的本來面目？」智閑禪師找遍經典、論典，全都找不到，最後是靠自己才參透。事件的整個過程是公案，而那句話就是話頭。

無字公案的機鋒

公案是一整個故事，話頭則是公案裡最精要的句子。大慧宗杲禪師所提倡的「無」字公案、「無」字話頭，出自趙州禪師的公案。有人問他：

「狗子有佛性無？」他回答：「無。」參公案是要「參」為什麼趙州禪師答「無」？甚至進一步參，為什麼要問這個問題？為什麼莫名其妙問這個問題？經典已經講「有」了，如果趙州禪師的回答是「有」，那就沒有話頭可參了。經典說「有」，他說「無」，才有機鋒在其中，才需要參，所以這變成很重要的一則公案。

日本人很喜歡參趙州禪師的這則公案，他們集全身的力量猛參，希望參至開悟。早在大慧宗杲禪師之前，就已經有禪師把公案記錄下來，包括大慧宗杲的老師圜悟克勤禪師也寫了《碧巖錄》，把公案提出來，再加上自己對公案的判斷，等於說他參透了這些公案，用很美麗的詞彙把心得寫成詩或詞，再加上一點啟發開示。

有時老師會問學生，譬如問某某禪師跟弟子發生了什麼過程，弟子就講他們的體會，通常是用詩詞來表達。有禪師把這些文字記錄下來，當時修行的人就用這些公案做為方法來參。有一位禪師形容說，參這個「無」字，就像把一個滾熱的鐵球放到喉嚨，吞也吞不進，吐也吐不出來，然後一直參，看你能不能開悟。

宗杲禪師在提話頭的時候，就說一個「無」字，他的學生就一直參。我們無法看到他們所用的方法。拿一個鐵球燒滾了，放到喉嚨去，那就變成鐵球地獄。有個地獄就是這樣，壞事做多了，鐵汁灌進口裡去，看你還敢不敢亂講話？參話頭要這麼參，這樣的形容，不知道是如何下手的呢？當時老師如何教？可能他們用某些方法在教。

讀公案如何去領會呢？禪師在這個公案過程給予你什麼啟發，你就要用心去了解，這也算是一種比較深細的思惟。其實在這個參究的過程中，就是一種熏習，看你的心有沒有與它相應。如果你能不斷地持續用這個方法，用久了，心就能愈來愈貼近，愈來愈能體會。當你能很清楚了解整個公案內所傳遞的訊息時，你的心就能與它相應了，你可以體會到相似或相同的智慧，這是一個方法。

老師的學習經驗，成了弟子學習的對象，這是中國禪宗教學的一種方法，也就是公案。公案是讓修行人到禪堂深入一層去思惟、了解、體會禪師與禪師之間的對話，與它所傳達的訊息，他們所講的到底是依什麼而言，修行程度到了哪裡？

我們參公案就是參這個過程到底是怎麼一回事，這個過程所依的法是什麼。佛法是「無常」、「無我」，大乘講「空」，公案所說的這句話有「空」在其中嗎？這句話為什麼有「空」的體驗？這位老師怎樣去辨別、判斷這句話？能像這樣子參究，我們就是在參一個公案了。參話頭就是要有這個疑情。由於這個關係到個人的生死解脫，開悟了就解脫生死了，或是至少有了這個體驗後，對生死輪迴減除了罣礙、束縛和糾纏，也就是能放下生死煩惱，能夠放下長久以來對生死流轉的恐懼。

生起疑情，參透生死

我們要了解自己所參究的這個公案到底是怎樣的狀況。如何判斷它是什麼樣的體驗呢？這個體驗關係到生死，我們為什麼要參究、看透？因為我們有對生命的疑情，要透徹地體驗到空，才能解脫生死。這些公案讓我們生起疑情，幫助我們去參透自己的生死問題。

這些公案的文字紀錄，讓我們知道祖師如何善用技巧，在適當的時候講了一句話，或是用一個過程幫助了弟子悟道。我們可以從中了解，當老師這樣教導的時候，這名學生是在什麼樣的準備之下跟老師相應的。我們看到很多經典描述佛陀時期的教導方法，也是如此。弟子們往往聽完佛陀講法之後，當下便得法眼淨，就證初果以上了，有些甚至還證到阿羅漢。佛陀只是講「八正道」，他們就開悟了，我們聽了這麼久，為什麼沒有開悟呢？更簡單地說，佛陀說「因緣生，因緣滅」，就有弟子證到阿羅漢果位了，但我們就是參不透——因為不對機，我們的身心還沒準備好聽到這句話就開悟，所以要繼續修行。可能修到某一天，有人跟你講了這樣一句話，你就開悟了。

禪宗裡常有類似的故事。舉例來說，有個學生問老師：「什麼是曹溪一滴水？」曹溪就是南華寺，韶關那條溪是曹溪，六祖惠能大師就是在那裡弘法。「曹溪一滴水」是六祖惠能傳下來的禪法。這位老師回答：「曹溪一滴水就是曹溪一滴水。」問的人沒有開悟，旁邊另一個學生聽到後喊一聲「啊！」就開悟了。

還有一個例子更有意思。有位出家人經過一家青樓時，聽到唱曲就開悟了。那曲唱：「頻呼小玉原無事，只要檀郎認得聲。」意思是有一名妓女，她的侍女名叫小玉。她其實沒什麼事，卻一直叫小玉、小玉、小玉……，是因為情人在外面，所以故意叫小玉，要她的情人聽到她的聲音，知道她在裡面。那個禪師剛好路過，聽到後就開悟了。其實這句話的意思是，用這麼多方法做什麼？目的只是要讓外面的人認得裡面的人。用功是外面的，是為了知道裡面的。我們不在那個狀態聽不懂，但是那位禪師他一聽就懂了。

為什麼話頭後來慢慢流行改參「念佛是誰」？因為當時中國大部分的修行人都念「阿彌陀佛」，有些人念得很好，念了以後就提：「阿彌陀佛、阿彌陀佛、阿彌陀佛、……這個念佛的是誰呢？」這是自問，不能自答。自答了之後，就不是話頭參到的體驗或答案，而是自己給出來的答案。

如果你這麼問：「念佛是誰？念佛是誰？是我啦。我是誰？就是我啦……。」這樣還能問下去嗎？我叫什麼，我是什麼……，這些都是外在的，跟你有什麼關係？你的名字是自己給的嗎？不是，是父母給的。我們出家人的名字是師父給的。有時候學生太多，不知道給什麼法名，就叫學生自己找，即使法名是自己取的，這個法名也是外來的，跟你有什麼關係？跟這個念佛的人有什麼關係？有些名字一叫，同時會有很多人回應。我們知道的這些，都是外在的表相，必須繼續往內不斷一路問下去、參下去。如何用方法，就慢慢地形成一個系統、一個技巧在運作。

莫只把公案當故事聽

參公案是要參到祖師們所依據的那個根本的法，你必須要去參透、了解它所依的法。雖然所有的法都是無常、無我、空，但為什麼要用這樣的方式來表達呢？我們需要體會禪師之間對話過程的那個內層、本質部分，可是一般人比較容易只看到外在的外層表相，而把它寫成了一個故事。當然，每個公案都有啟發性，我們可以做為故事來聽，但這是把公案淺化了。在弘法過程中，這個說故事的方式很好用，因為公案有很豐富的內容和背景。但如果你是參公案的人或是禪修的人，就不能只停留在這個層面，一定要往更深的一層探索，才有悟道的機會。

走出禪修誤境

有些人一講起修行就口若懸河，好像有很深入的體驗，明白修行的道理，但其實只是重複老師所說而已，不是來自個人的修行體驗。由於老師上課時經常重複重點，所以有的學生在意識上會產生慣性，將老師的體驗當成自己的體驗轉述出來，以為這些就是自己的領悟。背記佛典和義理並不難，多看書或多聽老師講幾次，也就記下來了，但這些都不是你的實修工夫。

不以妄心來用功

中國叢林的禪堂不教方法，一開始就是講觀念。主七和尚有時是方丈，在禪堂稱為堂頭和尚，禪堂中最主要的指導者就是他，責任是讓學生開悟。他在禪堂講什麼呢？講公案、丟話頭或簡單開示，雖然也有的主七和尚開示內容非常豐富，但都是不講方法。如果你沒有禪修基礎，又不懂方法，你進得來禪堂嗎？短香，一小時；長香，兩小時，你坐得下去嗎？晚香坐得很晚，早上起得很早。坐香後跑香，跑香後坐香。像這樣子一直在用方法，沒有基礎，方法用不上，你根本進不了禪堂。參話頭時，不知從何參起，只是用妄念和話頭打交道，或用話頭驅趕妄念，各式各樣的狀態都有。

像這樣子用功，不能說完全沒有體驗，再加上聽了主七和尚開示，平時也看了很多公案和語錄，有些小聰明的學生，便容易誤以為自己都明白了。打坐時分不清散心和一心、妄念和正念，提出來的心得都似是而非。正念的、一心的，當然答對了；妄念的、散心的，全部攪成一堆。對你來講，那些聽來的禪理沒有助你悟道的直接功能，只是增加雜亂的知見而已。如果你繼續這樣用功，受用不大，甚至會有誤解，自己有了明心見性的經驗，因而有些人動不動就要找老師印證，其實他們都是用散心和妄心在用功，一心用功的人沒有那麼多雜事。

人都是因為妄念多，才有這麼多的追求，希望妄念裡是開悟的體驗，因而一直急著要表現自己，愈是這樣愈是有問題。急忙衝著找老師印證的人，大部分都有問題。能受老師印證的人，沒有一個是衝著來找印證，都是有因緣而被印可的。真正用功的人，就只是用功而已。一心，非常清楚，根本不用老師印證，他都知道的。我們如果有自覺的能力，用功用得很好，自己會知道自己的狀態。如果你在那邊猶豫不決，覺得好像是又好像不是，希望老師幫你確認是不是開悟了。比如有時候你們會問：「我這樣、這樣，是不是怎樣、怎樣了？」答案一定不是，只要你還在問是不是，那就不是了，因為你還有「不是」的觀念在分別。是就是，沒有猶豫、沒有好像。比如說某某人好像你，其實某某人根本就不是你，這個事實是肯定的。

為什麼很多人急著要印證？因為他們都是以妄心在用功。懂得用功的人，他只專心用方法，不會想這麼多。當我們用方法的時候，體驗會顯現出來，所以你還是要回到方法。你明明知道所有的體驗都只是過程，甚至包括開悟也是過程，何必辛苦追求不捨呢？假如真的「啪！」開悟了，接下來又怎樣？接下來一樣是吃飯、睡覺。開悟了就不用吃飯、睡覺嗎？入定入得再深，出定的時候，還是要回到現實生活。

有些人雖然有一些禪修體驗，並得到老師的肯定，但是如果修行的信心只是來自於老師的肯定，那就有問題了。他必須自己有自信，自信不是我慢，我慢是覺得自己很厲害，自信是清楚知道是什麼狀態，沒有錯覺。有時候第一次有這個體驗的人，在得到老師的肯定後，會告訴自己這是過程，還是要繼續努力。整個修行的方向就更明確了，信心不退轉，不會東想西想蹉跎生命。

在禪修的過程中，很多問題會浮現出來。有些禪修久的同學由於慣性、妄念未調伏，加上滿腦子都是歷代祖師的公案、語錄，以及老師的一些經驗之談，一打坐，這些妄念通通浮現出來。用功的時候，不是一心在用功，而是隨著妄念在上上下下，起伏不定。平時的基礎工夫不夠好，打坐時自然妄念特別多。

在學禪的過程中，我們學習過的內容都會留存在記憶裡，用功到一個階段，可能就會浮現。有些人用功時，突然冒出一些禪偈來，他就認為這是他的真實體驗，以為這些句子都是自己所悟的，其實這些偈子都是祖師講過的。為什麼打坐時會浮現出來呢？因為你背起來了。有時在你打坐過程中，一些潛藏的事情會浮現。你遺忘許久的事，比如你終於想起朋友多年前欠錢未還，就會想要趕快找到朋友，滿腦子都在想如何討回這筆錢，所有的禪法都被拋到腦後去了。

凡所有相，皆是虛妄

《金剛經》說：「凡所有相，皆是虛妄。」無論禪修出現任何境界，你都要把它放下。虛妄不是說它不存在，而是在生滅的過程中，它是不實在的，是掌握不住的。你以為自己掌握了它，是因為你的我執，硬把它抓著不放。我們心念動過的想法，所有佛陀和祖師們所說的話，有哪些是實在的？那些都是語言和文字。語言、文字不是事實本身，而是傳遞訊息的媒介。比如我說「杯子」，語言所表達出來的不一定就是「杯子」這個東西。你用功時，如果能了解這個道理，就能放下。

如果禪修時，連最基本的身心狀態都分不清楚，不知道自己是一心、散心或正念、妄念，那就是沒有踏踏實實地修行。禪修的人很多，誤解禪法的人也很多，還有一些人甚至妄想跳過基礎課程，直接進入開悟境界。他們想：「像我這麼聰明，讀過這麼多佛書的人，講佛法也可以講得頭頭是道。我不用學什麼基礎了，直接跳過去就可以了。」很多禪修課程會吸引這樣的人，藉以顯示這個課程教的是比較高明的方法，來的都是利根，其實都是在妄念中用功，把妄念當實體，開口閉口都在講開悟。大家都聊得很高興，好像同聚一堂的全都是開悟的人。但是他們其實是很心虛的，覺得自己開悟了，可是話講出來時，連自己也無法肯定是不是對的。這可以說是我慢、增上慢，明明還沒證悟，卻到處告訴別人自己證悟了。

禪坐有初禪、二禪、三禪、四禪等四種禪定層次，禪定的喜樂是世間最大的喜樂，而最大的禪定喜樂是第三禪。進入初禪時會歡喜，離生喜樂，是離開欲界所產生的禪境喜樂，這種喜樂特別明顯，感受特別強。十地是菩薩必須經歷的十個修行階段，初禪是進入初地的基本條件。為什麼初禪也稱歡喜地？因為破了我見，登上初地的歡喜是從來沒有過的體驗。到了二禪，定生喜樂，這是很穩定的喜樂。三禪，離喜妙樂，「樂」是身根的感覺，「喜」是心的感覺，此時身和心的感覺完全一樣，是一種世間的大樂。到了四禪，捨念清淨，這些念頭全都捨掉，所以四禪是體驗清淨，放下了所有的心念。

經典曾記載有個比丘打坐坐得不錯，自以為證到了四果，還好他遇到一位好老師，是真正證到四果的阿羅漢，一般來說，阿羅漢有他心通，知道對方是證到四禪，而非四果。為了幫助弟子，老師便化現出容貌姣好的女生和恐怖的景象，那個弟子有善根，知道自己打坐的心，會被老師顯現的不同相所波動干擾，看到漂亮的女生會心動，看到恐怖畫面會害怕，心想：「證到阿羅漢果位的人怎麼會這樣？」他便趕快向老師求教了。經老師一指點，他知道自己的問題出在哪裡，於是繼續用功，不然他以為自己已經證道，而自以為是，那可就誤入歧途了。

另外一位自認為證到四果的比丘，就連佛陀告訴他沒有證果，他也不相信。他說：「我明明是完全清淨，徹底解脫了！」等到他死去的時候，才發現來不及了，因為中陰身階段已經現前，也就是進入了轉世的過程。他說：「不可能！我是證到果位的人，為什麼還會有中陰身這個階段？」他還是相信自己是證果的人，所以他說佛陀說謊，結果掉到了地獄。佛陀沒有打妄語，是他自己打大妄語，但又不肯承認。

有些人動不動就認為自己開悟了，只因有過哭、笑、輕安的一點體驗，或是體驗到統一境，就認為自己入深定了……，然後執著這些體驗不放，甚至自以為開悟了。如果一個人沒有證到果位，只是體驗到一點輕安境，就到處告訴別人自己開悟了，但講的時候，心裡知道自己沒有這個體驗，帶著些隱瞞甚至帶有欺騙的心，是一種未證說證的大妄語。「凡所有相，皆是虛妄」，如果你能清楚保持正念，這些幻相境界就都不會是干擾了。禪修不能好高騖遠，但是要大家踏踏實實地用功，一步一步地走，很多人卻都不願意，總是想求速成，想找老師印證一下。

基礎用功是最難的，打坐的時候，老師一直叫你觀呼吸、放鬆、觀腿疼……，不斷反覆提醒相同的方法。有些人便不耐煩地問老師：「你可不可以告訴我能直接開悟的方法？」他不願經過這段基礎調身、調心、調息的過程。因為我們的身心很粗，遇到這樣的逐步調整過程，就容易躁動不安。你的心這麼躁動，還不到安定的狀態，給你一個話頭，你能開悟嗎？明知不可能，但很多人卻喜歡這樣自欺欺人。

有些禪修課程會讓你去找些話頭來參，或是老師直接給幾個話頭，讓你選一個來參。有些老師甚至給話頭逼學生去參，要學生快些見性。有的老師還會說：「只要參就好了，什麼狀況都不用管。」結果學生什麼都不懂，就是一路猛參。可是那麼躁動的心，要怎麼去參呢？

踏實鍛鍊真工夫

我在歐洲主持禪七，剛開始的時候，很多人告訴我有什麼特別的禪修體驗，但是到了最後，每個都只說：「我在學放鬆，我在體驗呼吸。」他們知道自己以前動不動就講空和境界體驗，是因為讀了太多書，所以用功時都以妄念用功，而不是實際的經驗。

歐洲這些同學要求印證，可以說他們是有慢心嗎？不是的。他們的學習態度真的很虛心，只是因為腦袋塞了太多語言文字的知識，所以處於增上慢的狀態，自己不知道自己的問題。由於他們請法很誠心，來告訴老師的時候也很誠心，不是為了要表現自己，只是覺得自己有些體驗，雖然那是妄念，但還是應該請教老師。因此，當我跟他們解說那些是妄念後，請他們自己好好地審查，他們聽得進去，也信服了，知道自己不是那種經驗，就回去踏實地用功。

這些問題之所以會出現，是因為在某些課程裡，你沒有從基礎開始練習，而老師也沒有從頭開始一步一步地教。很多學生基礎不穩、不紮實，甚至有些虛幻的想像，就會把這些聽來的方法、理論抓進自己的意識去，用想像力去想像自己在用功。如果老師問他：「為什麼知道自己有初禪的體驗？」他會回應：「因為師父說初禪的時候，有覺、觀、喜、樂、一心，我打坐的時候就有覺、有觀，也有一心和喜、樂，所以我的經驗就是初禪了。」尤其有些課程不禁語，晚上大家回寮房就會互相印證。當一個同學說自己今天的禪坐境界如何，另一個同學就回應說：「啊，那就是二禪了。」所以打完一個禪七，同學就五、六、七、八禪都有。這些都是妄念，真正用功的人哪去想那麼多，就只是一心用功。

不陷入慣性思惟

據說辦案人員在審問犯人錄口供的時候，如果無論怎麼問，得到的回應都是相同的話，他們會認為這是偽證，是預先設計好的答案。如果真的體驗過，雖然每一次的描述會相似，還是會有所不同，多少會有一些增減。而如果每次的描述都是一樣的，那就有問題了。

如果你每次思考時，出來的都是相同的內容，那就是慣性的思惟。例如每次都用同樣的句子形容自己的體驗，就是掉入了慣性的思惟。你說我當時就有這樣的體會，其實這是你的意識活動。當你的記憶一直重複同樣的過程，就像聽黑膠唱片跳針，不斷重複同一句，那就是卡住了。如果你有真正在用方法的話，就知道身心狀態會一直變化。如果你的經驗總是相同的，那是有問題的。世間無常，你的體驗卻是「常」，當然會有問題。

如果你說起修行的體驗，講來講去的關鍵字句都一樣，你就要注意那是慣性；甚至你用的是佛教用語，每次打完坐，就說體驗無常。如果你真正體會無常的話，不用這個字眼也可表達。你需要用到這個字眼，是因為慣性的關係。你每天一直在講「無常」，這個「無常」就變成了「常」，變成不斷重複的過程。

我們真正用功的時候，身心放在方法的時候，不會每個經驗都是相似的，第一支香和第二支香都不同。我們之所以有太多的輪迴，都是因為妄念太強、慣性太強。如果你能仔細覺察自己打坐用方法的情況，會發現不但每次的體驗不一樣，包括妄念也是不一樣的，從而走出禪修體驗的誤境。

禪的生活

為什麼有些人修行會修到行為偏差反常？甚至有些人學佛後，認為現實的生活是錯誤的、是造惡業的，必須要過像佛陀時代修行者的清淨生活才行。這些人所知道的佛法，只是從理論上來理解，沒有辦法應用在現實生活中。無法在現實生活中運用，是因為佛陀不是在這個時代說法，而是在二千五百年前的印度，古印度不但和我們的生活環境相差太遠，和現今的印度也是千差萬別了。即使是現今的印度人回到二千五百年前，也不可能再過佛陀時代的生活。

然而，還真有人要學二千五百年前的生活方式，而且還學得有模有樣，只是他學的方式很奇怪，不應該坐飛機去印度學的，應該要走路去學才對，因為在佛陀的時代只能走路，連車都不能坐。為什麼不能坐車？因為以前的車都靠眾生拉車，不是用機器動力。你如果坐車，就是加重眾生的負擔。修行的人不可以這樣做，所以佛陀都是走路去弘法。

弘法需契機契理

佛陀在菩提伽耶成道的時候，為了去鹿野苑度化五位比丘，足足走了七天，這段路以現在坐車的時間來估算，大概是一天的車程。

世間法都是因緣法，不同時代有不同的因緣變化。因緣法顯現出來的是不斷流轉的過程，是無常、無我的，不可能重複。因此，佛陀會順應眾生不同的根機，而用不同的方法，有第一義悉檀、對治悉檀、世界悉檀和各各為人悉檀。所謂的悉檀，就是一種善巧方便，佛法有各類善巧的應用。

我們在修學過程中學到了很多方法，不要以為佛陀當時都是這麼一成不變教導的，佛陀只能指導修行的原則，其他則要隨順時代變化不斷地調整，讓每個時代的人都能聽得懂。

不同的時代，弘法一定有不同的傳達方式，不可能回到佛陀的時代，也不可能重複祖師發生過的事。個人修行成就了，是他自己的因緣，你想跟著他的因緣來悟道是不可能的。不同時代的弘法方式都必須要契機，契合當時的根機。佛陀的教學是契機，但在契機的同時必須要契理，依照以法為中心的原則，思考如何找出適應時代的方法，運用不同的善巧來弘法。

佛陀講了很多經典，尤其是原始經典。當時的紀錄都是非常精簡、簡要。由於內容很簡要，所以解讀的空間很大。

佛陀說法時，一定有對象，很多人讀經典，都忽略了此點，佛陀說法的當機眾，是非常重要的。對什麼人說法，以及那個人的因緣、程度、根基，這些都是關鍵。佛陀不會對沒有聽過佛法的人，講說很深的道理，也不會對將證阿羅漢的人講三皈五戒，佛陀說法一定是對機的。如果我們讀經典時，不知道佛陀是對誰說，把佛陀所說的都視為理所當然，那就會發生深淺不分的問題，深的講成淺的，淺的變成深的，這個情況不符合佛陀教學的技巧。等到後世佛教論典出現後，整理出佛陀由淺到深所說的法，佛教思想體系才變得比較有系統。

經典都是應機而說。大乘佛法雖然比較後期才出現，但它的對象都很重要。《金剛經》是對誰說的呢？是對須菩提說，因為要像須菩提這樣解空第一的弟子，才聽得懂般若智慧。《阿彌陀經》是對誰說的呢？是對舍利弗說的，要像舍利弗這樣有智慧，才能對淨土深信不疑。又如《法華經》，舍利弗請了兩次法，佛陀卻都沒說，直到後來有一批弟子走了，佛陀才說。佛陀說，要是他們在場的時候我就說法，他們恐怕就要因為聽不懂而謗法了。

佛陀說法一定是對機的，不對機說法就沒有意思了，因為即使他說了，聽的人也聽不懂。《維摩詰經》的說法層次非常高明，佛陀這樣說，聽的人則各別去領悟。「佛以一音演說法，眾生隨類各得解。」這就是佛陀說法的厲害之處，每個人的體會都不同。

佛陀當時說法是應眾生根基，說深說淺，則看對象。最主要是佛陀說法的本懷，真的是在度眾生。說淺的時候，讓眾生聽得懂，但一定留有空間。也就是說，眾生聽了佛說的法後，明白可以做得到，也知道可以繼續努力，最後都是以歡喜心收座離去。這次學到了東西，下一次還會再來聽，因為有進步的空間。把這些經典結集起來，就可以有次第地建立佛法，這是論典的責任。論師們的任務，就是把佛陀的教學有系統地整理出來。

中國禪宗剛開始興旺的時候，禪師各有教學的技巧，沒有一位禪師是用固定的方法。當然，有些禪師的個性比較特別、比較鮮明，甚至風格和教學的技巧可能形成了某個宗派，但不會用同樣一套方法，不會刻板到像教科書一樣，因為學生的程度不同。

將知識轉為正見

佛陀教的不是知識，而是智慧。智慧要自己體會，然後從內心流露出來，幫助我們處理生活的問題。我們都有這樣的智慧。很多人讀完書後，消化了就能應用出來，這是一種聰明，也是慧的功能，但有時候會應用到負面的方向，如果和煩惱相應，呈現迷惑的狀態，就會製造問題。佛陀教導我們醒覺的智慧，不再生死輪迴。

一些學佛的人學到最後都是走回這個慣性，累積了很多佛法的「知識」。所謂的「知識」，是吸收了經典的、論典的內容，還有聽了其他法師的說法，卻囤積起來，沒有經過消化就拿出來講、拿出來用。聽的人照單全收，或是用同樣的方式把它搬進來。搬來搬去都是同一套東西，沒有什麼功用。

所以佛陀說，不要把我的話當權威，一定要放到你的生活裡去，放到你的心裡去思惟。一方面是思惟它合不合理，另一方面是思惟它能不能用、有沒有用，你要去體會。因而有正思惟、正念、正定，這都是內心的工夫。你要把知識轉為正見，轉成跟自己有關係的知見，轉化觀念去體會它。正念、正定印證了正見，所以八正道形成一個循環。這才是你自己的智慧，才能很好地用以解除自己的煩惱。

佛陀教學只能原則性地開示，因為每個人的根基都不同，沒有辦法就個案處理。雖然也有針對性的教學，以契合你的根基，但你學了以後要懂得去用它，要轉化為自己能用的方法。

佛法很簡單，就是無常、無我。很多現象其實都很簡單，就是因緣生、因緣滅。在公案的過程中發生的事，像禪師與禪師之間的對話、他們所用的方式、他們對法的體會有多深？他們傳達的是哪個層次的訊息？如果參透了，你就能明白，因為你的心和他的心達到了某個程度的體會與相應。所以禪宗說，你開悟了就是與佛同一個鼻孔出氣。你呼吸，他也呼吸。每個人呼吸的空氣都一樣，但我們就是體會不到。

教學一定有這樣的過程，而且不斷地在演化。可能有一段時期用公案或其他方法，慢慢地進行調整，在調整的過程裡，有時候會更加進化，有時候則是更加僵化，有些方法用到最後就教條化了。祖師大德教學用的方法，已經用不上了。即使我們想要重複那個過程，也是不可能的，因為我們的時代因緣和他們的時代不一樣，所接收的文化已熏習我們的心，和他們是完全不同的時空，所以不可能重複古代的修學過程。但是祖師大德所傳達的訊息中，一定具有很原則性的內容，我們所要把握的重點就是這個。

平常心過生活

佛陀教學沒有固定上什麼課，不像現代講課，今天要講什麼經、第一堂上什麼課、接著要教什麼，都是固定的，或者已經系統化了。佛陀當時的教學方式不是這樣，所以他留下來的教導，後人想要比較有系統地學習，就需要經過整理，整理出來後就像教科書，能幫助我們更清楚、更整體地學習佛法，但是這些都是別人整理出來的佛法知識。你讀完之後，能不能夠將佛法用於實修，佛法能不能夠淨化你的心，或是懂了這個方法後，運用在日常生活中解決問題，這些都是你要做的功課。

我們讀了佛教經論後，雖然知道了很多佛教義理，還是要以平常心過正常的生活，修行要腳踏實地，切莫好高騖遠。不要貪求生活物欲，擁有的多又如何？除了給自己增加麻煩負擔外，還有什麼呢？過簡單的生活，才可以省下一些時間來修行。賺錢要付出很多的代價，有些人拚命賺錢，錢賺到了，身體也累壞了，結果要用賺到的錢調養身體，等到錢用完後，身體又每況愈下了，最後就這樣走過一生，感覺好像什麼也沒做過。我們的生活需要這樣嗎？不需要。你既然選擇了學佛的路，便應將佛法的智慧融入生活，這樣才不會入了寶山，卻空手而回。

智慧人 50

遊心——佛的零度空間

A Free-and-Easy Mind: The Buddha's Zero-Dimensional Space

著者	釋繼程
出版	法鼓文化
總監	釋果賢
總編輯	陳重光
編輯	張晴、林文理
封面設計	張巖
內頁美編	小工
地址	臺北市北投區公館路186號5樓
電話	(02)2893-4646
傳真	(02)2896-0731
網址	http://www.ddc.com.tw
E-mail	market@ddc.com.tw
讀者服務專線	(02)2896-1600
初版一刷	2023年5月
建議售價	新臺幣200元
郵撥帳號	50013371
戶名	財團法人法鼓山文教基金會—法鼓文化
北美經銷處	紐約東初禪寺 Chan Meditation Center (New York, USA) Tel: (718)592-6593　E-mail: chancenter@gmail.com

法鼓文化

國家圖書館出版品預行編目資料

遊心：佛的零度空間／釋繼程著. -- 初版. --
臺北市：法鼓文化, 2023.05
面；　公分
ISBN 978-957-598-989-7(平裝)

1. CST: 禪宗 2. CST: 佛教修持

226.65　　112002275